New York fürs Handgepäck

New York
fürs Handgepäck

Herausgegeben von Patrick Sielemann

Übersetzungen von Henning Ahrens, Alex Bischoff, Manfred Görgens, Susanne Höbel, Egbert Hörmann, Marcus Ingendaay, Karin Kersten, Sven Koch, Matthias Müller, Werner Schmitz, Eike Schönfeld, Andrea Stumpf und Heinrich Wallfisch

Unionsverlag
Zürich

Im Internet
Aktuelle Informationen,
Dokumente, Materialien
www.unionsverlag.com

Unionsverlag Taschenbuch 575

Rieterstrasse 18, CH-8027 Zürich
Telefon 0041-44-283 20 00, Fax 0041-44-283 20 01
mail@unionsverlag.ch

Verwendung der Karte auf der Umschlaginnenseite mit freundlicher Genehmigung des Reise Know-How Verlages, Bielefeld.
Reihengestaltung: Heinz Unternährer
Umschlaggestaltung: Martina Heuer, Zürich
Umschlagfoto: Laurent Dambies
Druck und Bindung: CPI – Clausen & Bosse, Leck
ISBN 978-3-293-20575-8

Inhalt

Auf der Spitze des kostbarsten Felsens

Wolfgang Koeppen

Der Stadt New York sollte man sich von der See her nähern: wie die alten Einwanderer muss man den Ozean überqueren, die Entfernung im Wechsel von Tag und Nacht gespürt haben, um darin am Morgen, wenn die Schiffe ankommen, das erreichte Land wie eine Offenbarung zu sehen, die Neue Welt, dargestellt hier durch eines ihrer Wunder, die Steinlandschaft von Manhattan, die berühmte Skyline, ein fantastisches Amerika und selbst den Bewohnern der Vereinigten Staaten fremd. Die von Gischt und Wogen umflutete, manchmal von der Sonne verklärte, oft auch in Nebel gehüllte Freiheitsstatue, eine erhabene Matrone, verkündet auch heute noch die Hoffnung auf die in Frankreich geborenen Menschenrechte.

Da drängen sich nun die Wolkenkratzer auf der Spitze des festesten und kostbarsten Felsens zusammen, und man erinnert sich – als Europäer wohl beschämt – der Sage, dass der erste Gouverneur der Siedlung die Halbinsel von freundlichen Indianern, von »Wilden«, wie es damals mitleidig-hochmütig hieß, für einige Glasperlen und bunte Knöpfe gekauft habe; so fällt es dann leicht, die wolkenkratzende Linie der Dächer als eine einzige steile Erfolgskurve zu sehen. Die Türme ragen wahrhaftig in den Himmel, aber das Paradies ist in New York so wenig wie anderswo zu schauen, und die reichste Stadt der Welt wirkt aus der Sicht des sich dem Erdteil nähernden Schiffes bald wie ein größenwahnsinnig gewordenes Dorf. Der Anblick scheint vertraut zu sein, statt zu überwältigen, das Gemälde ist eher übersichtlich als gigantisch. Das große Manhattan, wie es sich in den Dunst des Morgens reckt – eine Theaterdekoration aus Stahl, Zement, Glas und auch altem Mauerstein –, lässt an Kartenhäuser denken und an Stürme, die sich wohl über Wüsten und Meeren schon zusammenbrauen. Unter den höchsten Dächern ducken sich andere, die niedriger wirken, als sie sind – einfache Schuppen scheinen es zu sein, ebenerdige Baracken fast; sie ziehen die Giganten zu sich herab, wollen sie gleichmachen, und alles dünkt vorläufig und willkürlich, wenn auch nach einer leicht zu begreifenden Ordnung hingestellt zu sein, wie von einem spielenden, hochstapelnden, doch nicht sehr fantasiebegabten Kind. Aber New York zählt mehr Kirchen als Rom, mehr Tauben als Venedig, es hat mehr jüdische Einwohner als Tel Aviv oder Jerusalem, mehr italienische als Palermo; es ist eine der volkreichsten deutschen, schwedischen, englischen, polnischen, tschechoslowakischen Siedlungen; seine Chinesen, seine Japaner, die Mexikaner, die Puerto Ricaner sind Hunderttausende, und es gibt keine größere Negerstadt auf der Welt.

Setzt man den Fuß an Land, braust schon flammenrot, mit kreischendem Sirenenschall, ein Feuerwehrzug vorbei. Gewaltige Katastrophen scheinen in der Luft zu liegen. Die Atmosphäre knistert gewitterig. Versagt der elektrische Strom, so erstickt die Untergrundbahn, stehen die Fahrstühle still, erlöschen die Straßenampeln, dann bricht das Chaos herein, und New York ist vom Tod bedroht. Doch wie riecht Manhattan? Hier noch nach Meer, nach Schiffen, nach einem Hauch der Niederlande; man ahnt die Kolonie Neu-Amsterdam. Aber wie duftet der Erdteil Amerika? Erst am Abend mit dem aufkommenden Landwind bietet er sich an, der Geruch nach Gras, nach blühender oder verdorrter Prärie, nach dem sauber geschorenen Rasen um die Heime der Amerikaner; doch die Stadt selbst riecht auch versengt, nach überhitztem Dampf, nach den weißen flockigen Schwaden, die unaufhörlich durch den Straßenbelag dringen, unter den Reifen der Automobile schweben, die Beine der Fußgänger in Nebel hüllen und sie wie allegorische Gestalten über Wolken gehen lassen. Später erfährt der Besucher, der Dunst sei die Ausströmung unterirdischer Heizanlagen; doch für den ersten Augenblick scheint sich New York auf vulkanischem Boden zu erheben, und Bordstein und Asphalt und Mauerwerk hindern mühsam noch einen gefährlichen Ausbruch.

Dabei leugnen gerade die ersten Straßen, durch die man fährt, die Weltmetropole. Die Stadt mimikriert, sie spielt Alt-Amsterdam, sie ist urgemütlich, mit schiefen Häusern, Vortreppen, allerlei Katzen und Vogelkäfigen in den Fenstern. Kleine Läden bieten Grünzeug feil, Urväterhausrat und billigen Lebensbedarf. Auf den Bürgersteigen bewegt sich Volk, Volk bei sich zu Hause, Volk in Pantoffeln: auch in New York gibt es den Provinzialismus, der hier weltweit ist, und den Stolz des Quartiers wie in Paris, wie in London, wie im alten Berlin. Nachbarschaftsgeschwätz, keine Eile, nichts vom amerikanischen Tempo, das überhaupt eine ziemlich falsche Vorstellung Europas von Amerika ist. Amerikanisch allerdings ist das Hocken der Menschen vor ihren Haustüren, das lange, Stunden währende Sitzen von Frauen, Kindern und offenbar unbeschäftigten Männern auf den Stufen aus Stein, Holz oder Eisen, die zu kleinen Veranden hinaufführen oder als Feuerleitern die Häuser umranken. Die Feuerleitern und Brandmauern sind das Gemeinsame, das Amerikanische in den Vierteln der Italiener, der Juden, der Deutschen, der Chinesen, der Schweden, der Neger, in den Wohngemeinschaften aller Rassen und Nationen der Erde. Bald aber wachsen die Gebäude, wie man es erwartet hatte, wie Filme, Bilderbücher und Träume es tausendmal gezeigt haben; die Straße wird zur Schlucht, und der Mensch wandert tief unten auf dem Boden des grauen Cañons. Der Himmel oben ist dann ein unendlich ferner, sehr schmaler, doch freundlicher blauer Strich. Der Blick aus dem Hotelfenster bietet ein wahrhaft überwältigendes Bild. Die Wolkenkratzerstadt reckt sich im Glanz der Mittagssonne, glitzert, blinkt, löst sich im Licht auf und formt sich wieder zu einem fantastischen Gebirge. Wie Türme und Burgen aus Stahl, Aluminium, Beton und funkelndem Glas wachsen die Hochhäuser überall aus einem von den Straßen rechteckig zerschnittenen Gewirr anderer, verhältnismäßig erstaunlich niedriger Dächer, und sie, die Großen, die stolz zum Himmel ragen, scheinen einander über die Firste der Kleinen hinweg zu grüßen. Es ist ein fortwährendes lustiges Blitzen und Winken in der Luft.

Vor den Times Square schiebt sich die Erinnerung an unzählige Filmbilder, an sensationelle Zeitungsnachrichten, an den erhebenden Hexensabbat des Waffenstillstandstages, an eine von menschlichen Ameisen wimmelnde Neujahrsnacht, an den Konfettiregen des Lindbergh-Triumphes, an den Rausch des Prohibitions-Endes. Man strebt hin, man kann es nicht erwarten, diese Stätte zu sehen, und – wie so oft – enttäuscht zunächst die Wirklichkeit den Traum. Am hellen Mittag sieht die berühmte Ecke Broadway/Zweiundvierzigste Straße schäbig aus. Im Sonnenschein gleicht der »Breite Weg« hier der Hamburger Reeperbahn, bevor am Abend die Lichter des Vergnügens angehen und sich die Mädchen geschminkt haben. Natürlich ist in New York alles gigantisch, auch das Absurde. Damen wandeln in Kleidern, die wie nach den neuesten Pariser Offenbarungen von einer irrsinnig gewordenen Hausschneiderin in grotesker Übertreibung gearbeitet sind, und zu diesen Theatergewändern tragen die Damen große Hüte mit Blumenbeeten oder überreifen Früchten auf dem farbgetönten oder gepuderten Haar. Ihnen begegnen wieder breitstämmige, aufrechte, schön gewachsene Neger, die sich zu Anzügen von lässiger Eleganz in bemerkenswerter Herausforderung runde komische Regenhüte bewusst närrisch auf den Kopf gesetzt haben, was ihren ernsten Gesichtern einen seltsam arroganten Zug verleiht. Die Schaufenster zeigen Zauber- und Scherzartikel, Karnevalshüte, Beispiele bürgerlicher Pornografie, unendlich viel Ramsch, billig, für schnellsten, massivsten Umsatz hergestellt. Doch gleich neben diesem eigentlich hinterwäldlerischen Broadway liegen die Avenuen des sagenhaften Reichtums, der London überbietenden Qualität, des Paris zurücklassenden Schicks. Aller Luxus der Welt bietet sich hinter glitzernden Scheiben an. Der Erdball buhlt um den Käufer.

Die offenen Portale des Rockefeller Center sind wie der Schlund eines riesigen Staubsaugers und verschlucken die Passanten. Rockefeller Center ist eine Stadt in der Stadt. Ihr Adressbuch nennt fünfunddreißigtausend Einwohner. Von Millionen werden sie täglich besucht. So hohe Mauern muss man bewundern! Rockefeller Center ist ein ernster Versuch, den Himmel zu stürmen. Das Klima steuern die Vernunft, der Mensch oder die Elektronen. Die Fahrstühle sind flutende Promenaden. Das Labyrinth bewegt sich. Man schreitet über spiegelnde Polituren wie über zugefrorene Seen. Man irrt durch Wälder von Marmor. Man wandelt unter der Neonlichträusche Sonne, Mond und Sterne. Und hinter jeder Tür, sei sie aus Glas oder Panzerstahl, denken Hirne, werden Ideen geboren, werken die geschicktesten Hände, steht man im unerbittlichen Leistungswettbewerb, den Dollar für die teure Büromiete, für die Blumenhut-Damen und für all die verführerische Schönheit, den lockenden Luxus ringsum, zu erringen. In einem Zierhof blüht es noch im Winter aus geheizten Beeten. Wasserspiele plätschern ein kleines Versailles. Die Flaggen der kaufkräftigen Nationen wehen über den teuersten Läden, als seien hier alle Länder oder doch wenigstens die Vermögenden ihrer Bewohner zu einem Fest geladen.

Um das Rockefeller Center stemmen sich schon die Konkurrenten empor und bedrohen die Größe und den Glanz und die Einmaligkeit des berühmten Baues. Kleinere und ältere Häuser werden niedergerissen. Baugruben werden ausgehoben, so tief und so breit, dass man ein Dorf darin versenken könnte. Männer mit weißen, mit gelben oder roten Stahlhelmen auf dem Kopf operieren wie Hexenmeister mit ungeheuren Maschinen und verwandeln in jeder Minute das Gesicht der erstaunlichen Stadt. Dabei ist man freundlich. In die Bauzäune hat man runde verglaste Fenster für die Gaffer und Müßiggänger gesetzt. Hohe Kräne lassen Eisenträger wie Flaumfedern schweben, ein Stahlgerippe wächst zusehends himmelwärts. Die Arbeiter balancieren wie Artisten über der Tiefe, wo die Bäume des lieblichen kleinen Parks um die Public Library, die vielbesuchte Volksbibliothek, grünen.

Der Abend kommt mit goldenem Licht. Manhattan offenbart sich als Insel und scheint auf humaner Strömung zu schwimmen. Jeder Weg führt zum Wasser. Man ahnt es links, man sieht es rechts. Ein verklärter Widerschein der Sonne vergoldet die Welt! Im Wind vermählt sich New York venezianisch mit dem Meer und amerikanisch mit der Weite der Prärien. Aus den Büros fluten die Angestellten nach des Tages Arbeit wie Tanzende, stürzen wie Falterschwärme über die Autobusse, verlaufen sich wie Ameisen schwarz und wimmelnd in den Schächten der Untergrundbahn. Auch Babel hat seine blaue Stunde. Kein Stuhl, kein Tisch auf dem Boulevard – aber Wärme, aber Menschlichkeit in künstlich dunkel und geheimnisvoll gehaltenen Höhlen. Überall brennt Aladins Wunderlampe. Kein Schilfgrün des Pernod im Glas, aber das Gold des Whiskys, aber der klare See des trockenen Martinis spiritualisieren in ergiebigen Schalen; und Männer wie Frauen sitzen an den hohen Bartischen, erschöpft vom Tag, doch nicht müde zur Nacht.

Schon schreiben die Leuchtschriften die Vergnügungen an den Himmel! Gegen den Strom der Automobile schwimmt ein Schutzmann auf einem Pferd wie eine Gestalt der Sage. Man hat Häuser niedergerissen, um im Theaterviertel für die Automobile Parkplätze zu schaffen: wie unheimliche Herden weiden sie auf dem Asphalt unter den Bogenlampen.

Ein Leuchtfeuer streicht unentwegt wie die ausgestreckte Hand des Todes über die Stadt. Manche Wolkenkratzer sehen wie angezündete Weihnachtsbäume aus, andere wie leblose, düstere Felsen in dem diffusen Mondlicht einer menschenlosen Welt. Im Schaubottich eines Restaurants für Meeresspezialitäten fechten zwei große Hummer ein tödliches Turnier aus und gleichen in ihren schwarzen Panzern von Dürer gezeichneten Rittern. Überall der Hang zum Gigantischen! Truthähne, groß wie der Vogel Rock, stehen zum Aufschnitt in den Fenstern der Kneipen bereit, Schinken wie Wagenräder, Braten wie von Elefanten. Der schwarze Koch wetzt das Messer, säbelt Scheibe auf Scheibe vom dampfenden Stück und legt sie zwischen kalkbleiche Brote. Dazu gelbe, weiße und schwarze Ströme von Milch, von Säften und Kaffee. Und überall gierige, durstige, hungrige, unersättliche Münder.

Die billigen Alkoholausschänke der Sechsten Avenue sind unendlich lange, beängstigend schmale Korridore, wo schwarze und weiße Männer einträchtig und wie zerzauste Käfigvögel an der Theke sitzen, dieser nass glitzernden Straße des Schnapses. Man denkt an den Eismann des amerikanischen Dichters O'Neill, an den Tod für die Trinker. Diese aber blicken gebannt in die Höhe, nicht zum Himmel: zum Fernsehschirm, auf dem verfolgt, geschossen, gequält, gestorben wird – nur zuweilen unterbrochen durch die hymnische Anpreisung von zu kaufenden Genüssen für das kurze Leben.

Am Times Square blühen dann die Reklamen, stauen sich die Menschen, erfüllt sich das Fest. Um das Zeitungshaus trägt die Laufschrift der Leuchtbuchstaben die Furcht, die Torheit, die Eitelkeit und das Unglück der Welt. Die frohen Botschaften des Handels blühen rot. Das moderne Drama der Absurdität wird hier von den Reklame-Agenten gespielt. Die Logik schlägt am Neonleuchtreck Purzelbäume: du musst hinsehen und bist in dem Netz der Verkaufsstrategen und Massenpsychologen gefangen. Alle Rassen der Erde begegnen einander, Volk aus dem weiten Land drängt sich heran, Volk aus den Vorstädten, Volk aus engen heißen Wohnungen, Volk, für die Nacht der Kontrolluhr der Betriebe entronnen; und unter dem Volk Soldaten, Matrosen, Flieger der Vereinigten Staaten, auch sie von jeder Hautfarbe – und stolz, als wären sie schon die Herren der Welt.

Der Morgen aber ist gemütlich in New York. Nebel verwischt die kühnen Konturen, und die Dächer der hohen Häuser scheinen nun wirklich den Himmel erreicht zu haben. So manche Firma schwebt in den Wolken. Auf den Fernsehschirmen erscheint ein höflicher Herr und verkündet schönes Wetter. Im Drugstore schlägt ein athletischer Neger Eier auf ein heißes Blech. Ahornsirup fließt gelb und waldduftend auf Buchweizenfladen. Eiskalte Säfte, glühend heißer Kaffee, verbrannter Toast. Die amerikanischen Bürger sitzen auf steilen Drehstühlen an der Frühstücksbar. Kluge Augen lesen die *Times,* junge Leute rufen sich die Ergebnisse der Sportspiele zu, es herrscht Freundlichkeit, Breakfastgleichheit, weltstädtische Toleranz. Die Mädchen sind schön geschminkt; sie lächeln kameradschaftlich. Fröhlich rollen die Autobusse, vergnügt wimmeln die Autotaxen. Das Heer der Clerks, der

Sekretärinnen, der Verkäuferinnen schwärmt aus. Hinter den Spiegelscheiben der Fünften Avenue liegt der Reichtum der Welt noch unbestaunt. Tauben unterhalten sich auf schwindelerregenden Gesimsen.

Das Empire State Building ist das höchste Gebäude der Stadt und behauptet von sich, das achte Weltwunder zu sein. Die Menschheit drängt in die Fahrstühle und hält Himmelfahrt. Wegweisertafeln blitzen wie ausgedehnte Gewitterfronten. Verwirrende Schriften. Nebukadnezar-Menetekel! Wer zählt die Branchen, kennt die Schliche? Hauspolizisten regeln den Verkehr. Es geht zu wie auf einem großen Bahnhof. Schulklassen, Besucher aus den Prärien, Besucher aus Paris und vom Kongo warten auf die Eröffnung der Aussichtssaison. Der Expresslift schießt wie eine Rakete hoch. Umsteigen im neunzigsten Stock. Noch zwölf Stockwerke bis zur Plattform. Der Dom zu Köln ist überflügelt, die Kathedralen werden klein. Manhattan liegt unter einem weißen Wolken- und Nebelschleier wie ein nicht allzu großes Schiff unter dem Betrachter, der gleichsam vom höchsten Mast hinunterblickt. Ist dies Babylon? Dann ist der Anblick von Babylon für den Menschen zu gewaltig. Das Ungeheure schrumpft zusammen. Selbst dieses Schiff aus Stein mag untergehen. Das Auge tröstet sich an den Grünflächen. Wie kleine Gebetsteppiche liegen sie hier und dort gebreitet – aus dieser Höhe gesehen, seltsam licht und zart. Spielzeug die Docks und die Ozeandampfer. Spielzeug die Düsenflugzeuge. Spielzeug selbst noch das Meer. Der Verkehr in den Straßen ähnelt der effektvoll leuchtenden Blutbahn im Schaubild eines Menschen auf einer Hygieneausstellung.

Vor dem Battery Garten, vor der Spitze von Manhattan umarmen sich der Hudson und der East River, liegt die glitzernde Bay, weitet sich der Ozean, schweift der Sinn nach Europa. Hier landeten sie, hier kamen sie an: alle Völker, die Protestanten jeden Glaubens, die wackeren Demokraten, die Anarchisten und die verjagten Fürsten, die Rebellen, die Abenteurer, die verlorenen Söhne, die vaterlandslosen Gesellen. Sie alle schufen New York.

Aus der Nähe gesehen, zu Füßen der ersten Wolkenkratzer, erhebt sich die Skyline wie ein Festungswall vor dem Betrachter. Der Anblick ist überaus abweisend. Die hohen Häuser sind hier noch nicht aus Stahl, sondern aus Granit gebaut und beweisen die Solidität der Spekulation der Gründerjahre. Hier war das Revier der Astors, der Vanderbilts, der Rockefeller, und man steht staunend vor John Pierpont Morgans Bank. Die Straßen liegen unendlich tief, sind enge Täler im Schatten des Dollars.

Wallstreet, erst hundertfünfzig Jahre alt, doch von unserem Geschichtsbewusstsein schon wie das Forum in Rom akzeptiert – Wallstreet beginnt mit einer Kirche und einem Friedhof, mit einem Gebet und mit Gräbern. Auf dem kleinen Friedhof steht man zwischen den Geschäftshäusern wie auf dem Grund einer tiefen Kiste. Schon verwitterte, doch immer wieder blank geputzte Grabplatten gedenken der Männer, die Amerika geschaffen haben. Man kann von hier die ganze Wallstreet entlang an der Börse vorbei zum Fluss blicken. Das Bild ist nicht dämonisch. Wären die Mauern etwas weniger hoch, könnte diese Straße auch in der Hamburger City liegen. Vor dem alten Schatzamt, einem Gebäude klassizistischen Stils, verherrlichen Säulen Amerikas Staatswerdung. Washington hat hier ein Denkmal, zu seinen Füßen liegen frische Blumen, und es überragen ihn die großen Banken und all die Börsen: die New York Stock Exchange, die Cotton Exchange, die Kaffee- und Zucker-Börse und das immer größere Bedeutung gewinnende Handelshaus für ausländische Wertpapiere – lauter feste, lauter düstere Burgen.

Washington Square, Greenwich Village, Washington Arch,

ein Triumphbogen wie der in Paris, aber bürgerlich, bescheiden, am Rand eines Platzes, nicht in seiner Mitte; alte schöne Bäume, Schatten, ein Springbrunnen, Bohemian-Quarter: eine Sehenswürdigkeit, versichert der Reiseführer; am Morgen schlafen sie hier noch auf den Bänken, Männer in Rollkragenpullovern, Männer mit melancholischen Schnurrbärten, Männer jeder Hautfarbe, die den Boulevard Saint Michel nicht vergessen können oder von ihm träumen; dazu ein Kinderspielplatz mit Wunderlandgeräten und Tische zum Schachspielen unter dem Laub. Mädchen in gemeißelten Hosen führen überaus vornehme Hunde aus. Alte Herrenhäuser ringsum, Fassaden wie gute Großmüttergesichter, daneben perfekte Wohnmaschinen für reiche Junggesellen, heruntergekommene Herbergen, Mondschlösser der Jeunesse dorée und endlich winkelige Gassen, nicht mehr die geraden Straßen der fortlaufenden Nummerierung; ein Parfüm von Paris, eine Imitation von Rom, ein Hauch von Poesie. Maler aller Stilrichtungen stellen ihre Werke an Bauzäunen aus. Jugend schiebt und drängt sich über die Trottoirs in die kleinen Tavernen.

Wind an der Ecke Central Park South und Fifth Avenue. Die großen Hotels, die eleganten Geschäfte, die Pferdedroschkenromantik, die Felsengärten, die Rollschuhplätze und die Unheimlichkeit der täglichen Raubüberfälle des Parks. Die Damen halten die Säume ihrer Röcke fest. Dann fliegen die Blumenbeet-Hüte vom Atlantik zur Prärie. Also lässt man die Röcke segeln: Spitzen und Nylon, kleine Krinolinen, lockere Fallschirme: die auf hohe Absätze gestellten Damen steigen zum Himmel auf. Die kleinen exquisiten Lokale der Fünfzig-Dollar-Zechen haben Türen wie Heiligenschreine; die Portiers tragen Maßanzüge und verleugnen Frankreich; gestreifte Markisendächer beschirmen den Gast vom Wagenschlag bis zum weichen Teppich. Vor dem berühmten Storkclub wan-

dern Streikposten auf und ab – die Gäste und die Polizisten sehen gleichgültig über die Unzufriedenen hinweg.
Harlem, die Negerstadt, gehört zu Manhattan, gehört zu den Vereinigten Staaten, gehört dem Heute, und vielleicht gehört ihm die Zukunft. Schwarzhaut in allen Schattierungen, Millionen Vermischungen. Schwarze Passanten, schwarze Kinder, schwarze Reiche, schwarze Arme, schwarze Karrenschieber, schwarze Luxuswagenbesitzer, aus allen Fenstern schwarze Gesichter, Kollegen, Brüder, Menschen wie du und ich; Läden, Geschäfte und Auslagen wie überall, eine schwarze Gemeinschaft, kein ungewöhnlicher Ort und doch ein fremder Platz – Afrika über der Untergrundbahn und doch Amerika und ganz und gar New York. Am Ende der Lennox Avenue wird die Gegend seltsam kahl. Eine Weltend-Stimmung. Müllberge, Schutthalden, verlassene Baustellen, selbst Ödland. Ein heftiger Wind, schmutziger Sand und wie Schatten hindurchhuschende schwarze Kinder. Vorstadthäuser, Slumkasernen, alte Kolonistenvillen, verschüchterte griechische Säulen eines verschütteten Erbes, auf Sauberkeit versessener Bürgersinn, nackte Verkommenheit, neue grellfarbene Anstriche eines plötzlichen Besitzstolzes, grenzenlose Gleichgültigkeit leben nebeneinander, reiben sich gegeneinander. Die nicht würdelose Schicksalergebenheit der alten Neger haust neben der immer bereiten Empörung der jungen und dem demokratischen Selbstbewusstsein der emanzipierten Leser der Neger-Illustrierten *Ebony*. Vor einer baukasten-gotischen Kirche parken in langer Reihe die Automobile, glitzern in der um Mittag fast afrikanischen Sonne, schwere chromgepanzerte Straßenkreuzer, gewichtige Zeugen des Familienwohlstandes, und ihre Besitzer, in dunkle Maßanzüge gekleidet, den schwarzen Diplomatenhut in der Hand, singen im Gotteshaus voller Inbrunst die alten Sklavenchoräle. In der Einhundertfünfundzwanzigsten Straße, dem Geschäftszentrum von

Harlem, locken Schaufenster wie in der Fünften Avenue. Daneben Bars, Kinos und Hotels. Schwarze Verkäufer, schwarze Kunden, doch weiße Ladenbesitzer und weiße Schaufensterpuppen.

Wie ein hoher blanker Spiegel steht das Haus der Vereinten Nationen vor dem geschäftig belebten East River. Die Fahnen der zu gutem Tun und gegenseitigem Beistand Vereinigten wehen lustig im Wind und über einem Brunnen, den die Schulkinder von New York dem Gedanken der brüderlichen Menschheit geweiht haben. Am Abend gleichen die tausend erleuchteten Zimmer des hohen Gebäudes einem Sternenzelt, und selbst hartgesottene Bewohner von Manhattan stehen dann doch unwillkürlich ergriffen vor der Hoffnung der Welt.

Nichts als Bewegung und Rhythmus

Stefan Zweig

Ein paar Tage erst in dieser verwirrenden, durch ihre fremdartige Vielfalt zugleich erschreckenden und anziehenden Stadt. Nicht genug, um sie ganz zu begreifen, sie, die hundert Sprachen spricht, die Menschen zweier Erdteile zum ersten Mal gegeneinanderschleudert, Elend und Reichtum zu einem nie da gewesenen Gegensatz auseinanderreißt. Noch verstehe ich ihre Stimme nicht, ahne kaum ihre Formen. Aber schon fühle ich, und in jeder wachen Sekunde deutlicher, ihren Rhythmus, diesen unwiderstehlichen, stürmisch erregten Rhythmus der amerikanischen Metropolis.

Denn nicht als Ruhendes, als Festgefügtes lassen sich diese Städte begreifen, nur als Bewegung, als Rhythmus. Wir in Europa haben Städte, die nichts sind als eine höchste Form der Landschaft, die wie Musik wirken, weil sie Harmonie sind, eine reinste, notwendige Zusammenfassung der Natur in ein geistiges Bild. Ihr Ruhm, ihr Sein bedeutet ihre Schönheit. Man wünschte sie immer schlafend, ohne Menschen, ohne Wachstum und Werden, eher noch abbröckelnd, zurücksinkend in das Zeitlose und Unbelebte. Florenz ohne Fremde, ohne geschäftige Menschen; deutsche Kleinstädte, wenn sie ganz still sind, mit Mondsilber über den schlafenden Dächern, sie sind am wunderbarsten, wenn sie traumhaft werden, reine, lautlose Bilder. Die Schönheit der amerikanischen Städte liegt in ihrer Wirklichkeit, ihre Gewalt im Lebensrhythmus. Sie sind Verhöhnungen, Vergewaltigungen der Natur; aber sie haben den Rhythmus der Masse, den beseelten Atem des Menschen. Am Sonntag, wenn dieses schwarze Blut ihren Adern fehlt, sind sie tot, kalt, hässliche, nackte Steinbrüche, sinnlose Ansammlungen geschichteter Massen. Doch in den Tagen der Arbeit klingen sie in einem wilden Takt, von einer barbarisch gewaltigen Musik, die wie ein Triumphgesang auf den Menschen tönt; sie bezeugen mit einer uns unbekannten und erschreckenden Gewalt ihre schwellende Lebenskraft. Ein wunderbarer Rhythmus des Lebens geht von ihnen aus. Hier in New York klingt er vielleicht am lautesten. Denn hier ist das äußerste Ende des neuen Landes gegen die alte Welt; hier gischtet am wildesten die Menschenflut ineinander. Und dieser Rhythmus von New York ist schon die erste Manifestation des ganzen amerikanischen Lebensgefühls: Wer ihn fühlen kann, versteht auch den hoch gespannten Willen, der in allen Nerven dieses unermesslichen Landes vibriert.

Zuerst habe ich diesen Rhythmus auf der Brooklyn-Bridge gefühlt. Dieser gigantische Bogen, der – ein zierliches Netzwerk von der Ferne – in jenen gewaltigen Maßen, die einen am ersten Tag erschrecken und die man nach einer Woche schon als selbstverständlich fühlt, zwei Millionenstädte verbindet, scheint wie ein Symbol der Festigkeit. Man steht auf der Höhe des Brückenbogens wie auf dem Gipfel eines Berges und misst mit Bewunderung eine weit gebreitete Landschaft. Rechts und links je eine ungeheure Steinmasse mit zackigen Spitzen, den Wolkenkratzern, von beiden Seiten rauscht ein Murren vielfältiger Geräusche. Zwischen ihnen, tief unten, der breite Strom, gerade im Augenblick, da er Bucht wird, und das Meer. Eine Jagd von Schiffen zittert darin: Kein Feld ist gepflügt wie dieses Wasser, ununterbrochen graben Kiele die graue Flut auf. Von Ufer zu Ufer rufen sich die Ferryboote Worte zu, die Züge heulen ihnen entgegen, große Dampfer vom Ozean schieben sich feierlich in das wilde Getümmel. Keinen Augenblick ist Ruhe: Wie an Fäden geschnellt, zucken immer neue Schiffe heraus aus den Docks, keine Sekunde ohne Ruf oder Antwort in diesen unverständlichen Lauten.

Man möchte ruhig all das betrachten; aber der Blick wird verwirrt. Rechts saust hier auf der Brücke ein Zug heran, ein zweiter über einem, links zischt ein Automobil vorbei, hier mitten auf der Brücke ist man wie zwischen den Geleisen eines Bahnhofs. Dazwischen strömen Menschen, diese Brücke ist Eisenbahn, Straße, Fahrweg zugleich, fünfzig Wagen trägt sie in einer Minute, sie klingt von Lärm; mitten auf steiler Höhe, gewölbt über einem Fluss, steht man auf einem Kreuzweg von zehn Straßen. Und das setzt nicht eine Sekunde aus, die Wagen sausen einander nach, als wollten sie sich zerschmettern, immer mehr Menschen drängen herüber, hinüber.

Ein leises Gefühl von Schwindel überkommt einen, man fasst das Geländer. Und da – es ist ein merkwürdiger Moment – spürt man – es schwingt einem unter der Hand. Man tastet nochmals. Und wirklich, es schwingt, schwingt ununterbrochen, manchmal stärker, manchmal schwächer, aber stets in gleichem, nie aussetzendem Rhythmus. Von früh bis nachts, von nachts bis früh schwingt diese ungeheure Brücke, deren stählerne Kraft und Wucht gar nicht zu beschreiben ist, wie eine dünne Saite von der menschlichen Masse, seit Jahren vibriert sie so von der elektrischen Spannung dieser Stadt. Dieser Strang, der die zwei Millionenbündel New York und Brooklyn als Nerv verbindet, zittert beständig in jedem Molekül, und jeder, der hier oben steht, schwingt mit von der Erregung der fremden Masse. Hier habe ich zum ersten Mal den Rhythmus von New York gespürt.

Und dann hinein ins Herz der Stadt, um noch stärker ihren Schlag zu fühlen. Man will in die Untergrundbahn, versucht noch zu fragen, ob es die rechte ist, aber hier hat nur die Masse ihren Willen und biegt jeden Einzelnen entzwei. Es gibt da kein Stehenbleiben, man ist in irgendeinen Wagen geschoben, weiß gar nicht von wem, eine Kette klirrt, ein Verschlag fällt nieder, und dann saust das Geschoss mit den hundert, zweihundert Menschen in das Dunkel des Tunnels. Manchmal hält es an, Menschen werden herausgeschwenkt und hineingeschüttet wie in ein Gefäß, und noch strudelnd im Durcheinander sausen sie weiter. Endlich am Broadway. Man ringt sich aus dem Knäuel Menschen, in den man geknetet ist, und klettert hinauf zur Straße.

Diese Stationen der Untergrundbahn hier in New York haben durch die Masse der Menschen etwas von der Kontinuität einer Naturgewalt. Jeden halben Kilometer ist so eine schwarze Quelle an der Straße und speit trüben Schwall von Menschen herauf, die sie von weiß Gott welchen Entfernungen hervorholt, und daneben ist ein anderer Schlund, der sie wieder einschluckt. Man kann Stunden stehen, und keine dieser beiden Quellen, die aufschäumende und die niederstürzende, versiegt für einen Augenblick.

Man blickt um sich, im ersten Aufschauen verwirrt durch das Getöse, und findet sich mühsam zurecht. Denn dieser Broadway ist vielleicht die merkwürdigste Straße der Welt. Er teilt die ganze lang gestreckte Halbinsel entzwei, beginnt hoch oben, zwischen den Feldern noch, strömt als breite, ebenmäßige Flut hinab gegen das Meer. Und da plötzlich, knapp ehe er sein Ziel erreicht, wird er zur Schlucht. Er drängt sich zusammen, die Häuser türmen sich rechts und links wie überhängende Felsen zueinander, man kann nicht mehr aufschauen zu ihnen. Immer höher werden sie, sechzig, achtzig Stockwerke, und unten wird der Menschenschwall, je näher man zu dieser Tiefe kommt, immer hastiger. So wie ein Gebirgsstrom an einer Enge zum Wirbel wird, so ballt sich auch hier die Masse, der Lärm wird Getöse, es gibt kein Vorwärts und Rückwärts mehr, nur eine wirre, kreiselnde Bewegung. Man hat das Gefühl ganz verloren, selber zu gehen: Man ist nur Brandung dort an jener Ecke von Wallstreet gegen die aufgetürmten Mauern. Die Tramways und Wagen bleiben wie Felsblöcke in einem Wildbach für Minuten aufgestaut, nichts hilft ihnen, nicht das Hämmern der Glocken und alle Rufe. Erst eine neue Welle wirft sie ein Stück weiter, und wieder dann stocken sie in der Flut.

Hier wird die menschliche Masse Naturgewalt und ahmt ihre Bildnerin nach. Und das ist das Geheimnis dieser barbarischen und zuerst befremdenden amerikanischen Städte, dass sie sich nicht einem landschaftlichen Plan unterordnen, sondern selbst elementar wirken wollen. New York ahmt unbewusst das Gebirge nach, das Meer und die Ströme. Sieht man die Stadt von fern am Abend, so scheint sie eine zerklüftete, nackte Gebirgskette, etwa wie der Montserrat mit jähen Schroffen und Zinken. Und diese Menschenflut in ihren Straßen wieder ist wie das Meer geregelten Gesetzen untertan: Auch hier ist Ebbe und Flut; morgens strömt die Welle der Menschen herab, abends ergießt sie sich zurück in einer einheitlichen, geschlossenen Masse, der kein Einzelner widerstehen kann. Die ganze Stadt, die ganze Insel scheint zu beben unter dieser gleichmäßigen Bewegung, diesem leisen elektrischen Zittern, das immer die Entladungen der Kräfte begleitet. Allgegenwärtig ist diese Unruhe. Man spürt sie unten auf der Straße genau wie oben in den Türmen der Häuser; es zittert hier von der Schwelle bis zum First, und in geheimnisvoller Übertragung strömt diese Vibration über in die Nerven der Menschen, die feinsten Verästelungen des Gehirns. So wie man auf einem Dampfer jede Sekunde das Hämmern der

Schraube fühlen kann, die das ungeheure Schiff durch die Flut presst, so spürt man hier unentrinnbar den pulsenden Herzschlag der Stadt, den Akkumulator der gesteigerten Kräfte, den wilden, heißen Rhythmus von New York.

Unmöglich, sich diesem Rhythmus zu entziehen, ruhig, teilnahmslos zu bleiben in dieser Phrenesie der Masse. Man versuche es, am Broadway zuzuschauen, stehen zu bleiben oder gar eine fotografische Aufnahme zu machen: Im Nu ist man zur Seite gestoßen, weggedrängt, weitergeschwemmt, wieder eingeordnet in die allgemeine Bewegung. Für Ruhe ist hier kein Raum: Diese Stadt denkt nicht daran, einem Rast zu geben. Man fühlt das so recht, wenn man von Paris kommt. Im Februar, mitten im Winter, schieben sich dort an jeder Straße die runden Tische mit Sesseln und Bänken vor den Kaffeehäusern heraus; jede Ecke wird Einladung zum Sitzen, zum Rasten, zum Zuschauen. Und folgt man der Lockung, so bereut man es nicht, denn wie in einem unendlichen Film rollt sich dann die Straße vor einem auf als Schauspiel für den Betrachter. New York hat keine Gelegenheit, keinen Raum für den Zuschauer, den Untätigen. Nichts ist hier für Rast, für Ausblick eingerichtet. Die Häuser haben keine Balkone, die Squares nur wenig Bänke, und selten sieht man jemanden darauf ausruhen; die Restaurants der Geschäftsstadt sind nur für Eilige eingerichtet, manche haben gar keine Tische, nur kleine Sessel, wie eine Bar, und die Menschen, die hier ihr Essen eilig hinabwürgen, sind gleichzeitig noch anders beschäftigt, sie lesen Zeitung oder verhandeln. Der Bummler hat hier keinen Raum, der Rhythmus schwemmt ihn weg wie ein abgefaultes Holz. Diese Unruhe des Tages dringt bis in alle Kreise: Selbst die Untätigen, die Frauen der vornehmen Kreise, sind hier immer beschäftigt, Sport und Mode hetzen sie hin und her, unablässig sieht man sie in ihren Automobilen die Straßen entlangsausen. Selbst in den Museen ist hier

Betrieb: In den Sälen werden Vorlesungen gehalten. Die ruhige Betrachtung scheinen die Menschen hier nicht zu kennen. Man muss am Schiff oder in den Bahnen gesehen haben, wie die Männer hier unter ein paar Stunden gezwungener Untätigkeit leiden, wie hilflos, unerfahren sie sind im Nichtstun, wie sie in jeder Station nach Zeitungen rennen, spielen und rauchen, alles aus jener merkwürdigen Unruhe heraus, die schon in ihr Blut eingedrungen sein muss. Und wirklich, auf einmal findet man sie in sich selbst, hat ein Gefühl der Hochspannung; man möchte hier nicht leben ohne eine ständige Arbeit, die einen von früh bis nachts in ihren Umschwung reißt. Selbst der Fremde ist hier einer Arbeit verfallen: Trotz aller Müdigkeit hetzt man weiter, noch mehr zu sehen, mehr Menschen, mehr Straßen, unbewusst passt man sich schon dem Rhythmus an. Und man rastet einzig in den Straßenbahnen, also auch in Bewegung.

Die zwingende, unentrinnbare, allgegenwärtige Gewalt dieses Rhythmus ist mir das Unvergesslichste von New York. Hier ist schon eine Vorahnung jener Energie gegeben, die Amerika beherrscht, das Land, das in hundert Jahren den Weg zurücklegen will, zu dem Europa zwei Jahrtausende gebraucht hat, und darum so hastet, so gierig mit verbissenen Zähnen vorwärts will. Der Rausch der Geschwindigkeit, den man bei uns im Sport empfindet oder bei der Automobilfahrt, ist hier das Lebensgefühl eines ganzen Landes. Europa ist wie ein Strom, der schon sein Bett gefunden hat und nun im gemächlichen Hinrollen Muße findet, die ganze Welt und den Himmel in Kunst und sanftem Genießen zu spiegeln. Hier ist noch die Unruhe des Unerreichten, der Durchbruch der gestauten Kräfte in unbekannte Ufer: Wer Urkräfte liebt, kann sie hier ungestüm und barbarisch sich entfalten sehen.

Am Abend erlischt plötzlich dieser Rhythmus, bricht zerknickt in sich zusammen. Man war im Theater gewesen, und wenn man dann auf die Straße tritt, fühlt man sich auf einmal in fremder Umgebung. New York scheint versunken zu sein, und man muss an die Magnetstadt aus *Tausendundeiner Nacht* denken, die ganz aus stählernen Platten gebaut ist, stumm, kalt, mit zu Schlaf erstarrten Bewohnern. Die Menschen, die dunkle, grollende Masse ist fort von den Straßen, die jetzt kaltes, hässliches schwarzes Gestein sind, und die Stille tut einem fast weh. Auf den Dächern springen noch die Leuchtplakate, so wie letzte Funken aus der Asche sprühen, ehe alles auslischt. Nichts Hässlicheres als New York im Schlaf, New York ohne Menschen.

Und plötzlich spürt man da auch in sich jenes Niederbrechen der Energie: Während in anderen Städten mit der Nacht einen Unruhe überkommt, jetzt erst sie aufzuspüren bis in die dunkelsten Ecken, sie zu beschleichen in ihrem Schlaf, fühlt man hier nur das Blei in den übermüdeten Gliedern. Hinauf in das Zimmer, irgendwo im elften Stock, schlafen, ausruhen, ruhen mit der Stadt, nachdem man mit ihr gefiebert. Ein Blick vom Fenster noch. Wie seltsam ist dies! Der Himmel hoch oben ist verhangen von Dunst und Dampf, aber da unter einem scheint ein anderer zu sein. Von vielen fernen Fenstern blinkt es her wie Sterne, seltsame Leuchtkegel, schimmernde Milchstraßen zittern auf diesem Firmament. Auch hier, noch im Schlaf, ahmt die Stadt die Natur nach, die gestirnte Himmelsdecke, und jetzt, jetzt auf einmal hört man auch noch ein leises Tönen von unten. Wie Meer, wie Flut, wie Brandung klingt es von unten in ebenmäßigem Rauschen herauf. Man beugt sich vor: Ist es wirklich das Meer, das ferne? Nein, nur die Maschinen rauschen so von einem Hof herauf, die hier in diesen Riesenhotels tausendfache Arbeit verrichten. Die bleiben noch wach, ewig wach wie die Elemente, wenn die Menschen schon schlafen, und während die Stimmen ruhen, brauen sie aus der Stille neue Kraft und neue Geschwindigkeiten, die dann morgen die Menschen mitreißen werden in ihren Rhythmus, den unvergesslichen Rhythmus dieser verwirrenden und unergründlichen Stadt.

Jenseits von New York

Annemarie Schwarzenbach

»Hollandtunnel« heißt der dunkel-feuchte, lau temperierte, von grünen Warnsignalen und weißen Lampen erhellte Gang, der den Autofahrer aus der Riesenstadt New York unter dem Hudsonfluss hindurch ans andere Ufer führt. Hupen ist nicht erlaubt, der Lärm der Straßenschluchten verstummt, die Sirenen der Schiffe werden verschluckt im Strom, der sich über die gewölbte Decke des Tunnels wälzt, und das gleichmäßige Summen der Automobile wirkt beinahe wie Stille. Man taucht unter, dahin, wo es den Unterschied von Tag und Nacht nicht mehr gibt. Im selben Augenblick ist man gefangen und entwaffnet; es gibt kein Zurück und kein Halten und keine andere Wahl, als den grünen Lichtern und weißen Pfeilen zu folgen, ein Glied in der Kette der Wagen. Und wie der Fuchs in Franz Kafkas traumdeutender Erzählung, der in seinem Bau das Ohr an die Wand legt und plötzlich jenseits ein leises Geräusch vernimmt: den Nachbarfuchs in seiner Höhle – so hört man, während man gleichmäßig dahinrollt, ein verwandtes und gleichmäßiges Summen jenseits der Tunnelwand: die Kette der Wagen, die auf paralleler Bahn, aber in umgekehrter Richtung, den Strom durchqueren.

New York versinkt: die Vision des gigantischen Babylon, dessen Türme aus dem Meer emporwachsen. Und es ist kein

Zufall, dass gespenstische, langsam in den Nebel des Hudson gleitende Fähren oder der Unterwassertunnel uns hinaus- und hinüberführen, es ist kein Zufall, dass dies alles dumpfe Traumatmosphäre ist – denn drüben, in Jersey, Hoboken und Newark, ist New York nicht zu Ende, und die Ausfahrt ist keine Befreiung: Dort ist die Hinterbühne, der Gürtel, die grausige Wirklichkeit jener Vision einer »übermenschlichen Stadt«, als die man New York unter ästhetischem Blickwinkel betrachten kann. Gärten und Obsthaine, Wälder und grüne Auen luden einst die Städter zum Osterspaziergang ein; New York aber, diese »Idee einer Stadt«, diese steinerne Monstrosität, deren von den Menschen zu ihrer Bequemlichkeit erfundener Verkehr heute schon den Erfinder willen- und hilflos in seinen Bann schlägt – New York hat auch die Landschaft ringsum aufgefressen, und die Menschen, die dort leben, atmen, arbeiten müssen, tun es unter unmenschlichen Gesetzen.

Der Tunnel ist zu Ende; riesige Pfeile, auf die Fahrbahn gemalt, weisen mich in die Richtung, in der sich mein Wagen fortbewegen soll; ein »Traffic Circle«, ein Verkehrsring, mit vielen Schildern und den Namen von Städten – aber eine grüne Lampe leuchtet auf, da gibt es keine Möglichkeit anzuhalten, sich zu besinnen und zu entschließen, ich muss auf den Gashebel drücken und fahren, am laufenden Band, Glied in der Kette. Ich werde in eine große Straße mit vier parallelen Fahrbahnen gedrängt; schon sagen große Buchstaben »rechts oder links Abbiegen verboten«, und grausig prägt es sich ein: Wenn ich dort hinten, am Verkehrsring, einen Fehler gemacht, einen Irrweg eingeschlagen habe, werde ich ihn nie wieder ändern und gutmachen können. Ich bin gefangen in der großen Maschine des Verkehrs, in der technischen Wundererfindung, der *machine infernale.* Und es gibt kein Halten. Die Straße führt in sanfter Steigung aufwärts, wird zur Brücke, und vor mir tauchen riesige Bögen auf, eine, zwei, drei Brücken, die letzte nur noch zart angedeutet, unendlich weit entfernt im rötlichen Abendhimmel. Sie führen nicht über Flüsse, sondern über die Erde, die man nicht mehr bewohnen, betreten, befahren kann.

Diese Erde ist eine Ebene, ein flaches Becken, ein Trümmerfeld. Die Farbe ist die von Eisen und Rauch, bläuliches Schwarz und Grau, dazwischen Wasser, Sumpf oder Überschwemmung, dunkle, spiegelnde, faulige Lachen. Batterien von Fabrikschloten tauchen auf, Funkengarben steigen und fallen wie Sternschnuppen, Rauchfahnen bilden Wolken und ziehen mit dem Wind. Zwischen Kaminen und stehendem Wasser aber gibt es menschliche Siedlungen, geschwärzte Baracken, Reihen von Arbeiterwohnungen, eine verblichene Holzfassade, blinde Fenster, dahinter Höfe, von Backstein oder Bretterwänden eingefasst. Dort hängt Wäsche, dort stehen Töpfe mit kümmerlichen Pflanzen, dort spielen Kinder. Wo sonst können sie spielen? Auf der Straße ist es zu gefährlich, und bis »ins Freie« wäre es ein hoffnungslos weiter Weg. Unter den Eisengerüsten der Hochbahnen aber, zwischen den Autofahrbahnen, die sich rechts und links säumen, gibt es viereckige, von hohen Gittern wie Käfige abgeschlossene Plätze, Pflasterboden, als Himmel die Bohlen der Schienen; Emailschilder der Polizeibehörden teilen mit, dass diese Käfige »Kinderspielplätze« sind, wo die Eltern ihre Kleinen tagsüber abgeben können. Man hat auch, wohlmeinend, ein paar gusseiserne Schaukeln und Turngeräte aufgestellt.

Ja, man hat hier, jenseits von New York, für alles gesorgt, was Menschen von heute zu ihrer Existenz nötig haben. Es gibt nicht nur Fabrikschlote, Fabrikhöfe und Eisenlager. Es ist nicht, wie man zuerst glauben möchte, nur ein Abfallhaufen der Industrie. Es ist nicht nur eine riesige Arbeitsstätte. Die Namen Hoboken, Newark und Camden bezeichnen nicht nur Quartiere dieser traurig-unmenschlichen Landschaft, es sind die Namen von Städten. Sie sind schwer zu erkennen, es gibt kein Tor und keinen Kirchturm und kein Rathaus, und ihre Grenzen gehen ineinander über. Aber es gibt eine Polizeistation. Einen Drugstore. Ein paar Kinos, welche alte New Yorker Erfolgsfilme bringen. Und viele Tankstellen …

Nun bin ich schon über drei der gewaltigen Brückenbogen gefahren. Die Bahn führt abwärts, mündet in die Mainstreet einer dieser Städte. Führt durch einen ununterbrochenen Vergnügungspark von Lichtreklamen, feurig sich drehenden Rädern, grell bemalten Baracken. Führt schließlich hinaus, so denkt man. Aber wo die Städte, Fabriken, Hochbahnen zu Ende sind, beginnt die trostlose Weite von verdorbenem, sumpfigem, mit Alteisen bedecktem, totem Land. Irgendwo sind junge Arbeitslose am Werk, zu klären und zu säubern, zu entsumpfen, Gras oder Bäume zu pflanzen; ein Regierungsprojekt, aussichtsloser, als was die Griechen sich ausdenken mochten: einen Stall zu säubern, einen Stein hügelwärts zu rollen und ein vielköpfiges Ungeheuer zu enthaupten.

Weit im Westen schimmert rötliches Abendlicht. Hier aber, über der »Zukunftslandschaft«, scheint es keinen hellen Tag und keinen sinkenden Abend zu geben: Ein unverändert grauer Himmel lagert niedrig über dem wüsten Chaos, Rauch und rieselnder Nebel verhüllen gespenstisch und fast großartig düster, was sonst nackte Hässlichkeit wäre. Und wie der Leib einer Riesenschlange schwingen sich neue Hochbrücken darüber und verhelfen mir endlich zur Flucht …

Mendel Singer in Amerika

Joseph Roth

Den vierzehnten Abend der Seereise erleuchteten die großen, feurigen Kugeln, die von den Leuchtschiffen abgeschossen wurden. »Jetzt erscheint«, sagte ein Jude, der schon zweimal diese Fahrt mitgemacht hatte, zu Mendel Singer, »die Freiheitsstatue. Sie ist hunderteinundfünfzig Fuß hoch, im Innern hohl, man kann sie besteigen. Um den Kopf trägt sie eine Strahlenkrone. In der Rechten hält sie eine Fackel. Und das Schönste ist, dass diese Fackel in der Nacht brennt und dennoch niemals ganz verbrennen kann. Denn sie ist nur elektrisch beleuchtet. Solche Kunststücke macht man in Amerika.«

Am Vormittag des fünfzehnten Tages wurden sie ausgeladen. Deborah, Mirjam und Mendel standen enge nebeneinander, denn sie fürchteten, sich zu verlieren.

Es kamen Männer in Uniformen, sie erschienen Mendel ein wenig gefährlich, obwohl sie keine Säbel hatten. Einige trugen blütenweiße Gewänder und sahen halb wie Gendarmen aus und halb wie Engel. Das sind die Kosaken Amerikas, dachte Mendel Singer, und er betrachtete seine Tochter Mirjam.

Sie wurden aufgerufen, nach dem Alphabet, jeder kam an sein Gepäck, man durchstach es nicht mit spitzen Lanzen.

Vielleicht hätte man Menuchim mitnehmen können, dachte Deborah.

Auf einmal stand Schemarjah vor ihnen.

Alle drei erschraken auf die gleiche Weise.

Sie sahen gleichzeitig ihr altes Häuschen wieder, den alten Schemarjah und den neuen Schemarjah, genannt Sam. Sie sahen Schemarjah und Sam zugleich, als wenn ein Sam über einen Schemarjah gestülpt worden wäre, ein durchsichtiger Sam. Es war zwar Schemarjah, aber es war Sam.

Es waren zwei. Der eine trug eine schwarze Mütze, ein schwarzes Gewand und hohe Stiefel, und die ersten flaumigen, schwarzen Härchen sprossten aus den Poren seiner Wangen.

Der Zweite trug einen hellgrauen Rock, eine schneeweiße Mütze wie der Kapitän, breite, gelbe Hosen, ein leuchtendes Hemd aus grüner Seide, und sein Angesicht war glatt wie ein nobler Grabstein.

Der Zweite war beinahe Mac.

Der Erste sprach mit seiner alten Stimme – sie hörten nur die Stimme, nicht die Worte.

Der Zweite schlug mit einer starken Hand seinem Vater auf die Schulter und sagte, und jetzt erst hörten sie die Worte: »Hallo, old chap!« – und verstanden nichts.

Der Erste war Schemarjah. Der Zweite aber war Sam.

Zuerst küsste Sam den Vater, dann die Mutter, dann Mirjam. Alle drei rochen an Sam Rasierseife, die nach Schneeglöckchen duftete und auch ein wenig wie Karbol. Er erinnerte sie an einen Garten und gleichzeitig an ein Spital.

Im Stillen wiederholten sie sich ein paarmal, dass Sam Schemarjah war. Dann erst freuten sie sich.

»Alle andern«, sagte Sam, »kommen in die Quarantäne. Ihr nicht! Mac hat es gerichtet. Er hat zwei Vettern, die sind hier bedienstet.«

Eine halbe Stunde später erschien Mac.

Er sah noch genauso aus wie damals, als er im Städtchen erschienen war. Breit, laut, in einer unverständlichen Sprache polternd und die Taschen schon geschwollen von süßem Backwerk, das er sofort zu verteilen und selbst zu essen begann. Eine knallrote Krawatte flatterte wie eine Fahne über seiner Brust.

»Ihr müsst doch in die Quarantäne«, sagte Mac. Denn er hatte übertrieben. Seine Vettern waren zwar in dieser Gegend bedienstet, aber nur bei der Zollrevision. »Aber ich werde euch begleiten. Habt nur keine Angst!«

Sie brauchten in der Tat keine Angst zu haben. Mac schrie allen Beamten zu, dass Mirjam seine Braut sei und Mendel und Deborah seine Schwiegereltern.

Jeden Nachmittag um drei Uhr kam Mac an das Gitter des Lagers. Er streckte seine Hand durch die Drähte, obwohl es verboten war, und begrüßte alle. Nach vier Tagen gelang es ihm, die Familie Singer zu befreien. Auf welche Weise es ihm gelungen war, verriet er nicht. Denn es gehörte zu Macs Eigenschaften, dass er mit großem Eifer Dinge erzählte, die er erfunden hatte; und dass er Dinge verschwieg, die sich wirklich zugetragen hatten.

Er bestand darauf, dass sie ganz ausführlich, auf einem Leiterwagen seiner Firma, Amerika betrachteten, ehe sie sich nach Hause begaben.

Man verlud Mendel Singer, Deborah und Mirjam und führte sie spazieren.

Es war ein heller und heißer Tag. Mendel und Deborah saßen in der Fahrtrichtung, ihnen gegenüber Mirjam, Mac und Sam. Der schwere Wagen ratterte über die Straßen mit einer wütenden Wucht, wie es Mendel Singer schien, als wäre es seine Absicht, Stein und Asphalt für ewige Zeiten zu zertrümmern und die Fundamente der Häuser zu erschüttern.

Der lederne Sitz brannte unter Mendels Körper wie ein heißer Ofen. Obwohl sie sich im düstern Schatten der hohen Mauern hielten, glühte die Hitze wie graues, schmelzendes Blei durch die alte Mütze aus schwarzem Seidenrips auf den Schädel Mendels, drang in sein Gehirn und verlötete es dicht, mit feuchter, klebriger, schmerzlicher Glut. Seit seiner Ankunft hatte er kaum geschlafen, wenig gegessen und fast gar nichts getrunken. Er trug heimatliche Galoschen aus Gummi an den schweren Stiefeln, und seine Füße brannten wie in einem offenen Feuer. Krampfhaft zwischen die Knie geklemmt hatte er seinen Regenschirm, dessen hölzerner Griff heiß war und nicht anzufassen, als wäre er aus rotem Eisen. Vor den Augen Mendels wehte ein dicht gewebter Schleier aus Ruß, Staub und Hitze. Er dachte an die Wüste, durch die seine Ahnen vierzig Jahre gewandert waren. Aber sie waren wenigstens zu Fuß gegangen, sagte er sich. Die wahnsinnige Eile, in der sie jetzt dahinrasten, weckte zwar einen Wind, aber es war ein heißer Wind, der feurige Atem der Hölle. Statt zu kühlen, glühte er. Der Wind war kein Wind, er bestand aus Lärm und Geschrei, es war ein wehender Lärm. Er setzte sich zusammen aus einem schrillen Klingeln von hundert unsichtbaren Glocken, aus dem gefährlichen, metallenen Dröhnen der Bahnen, aus dem tutenden Rufen unzähliger Trompeten, aus dem flehentlichen Kreischen der Schienen an den Kurven der Streets, aus dem Gebrüll Macs, der durch einen übermächtigen Trichter seinen Passagieren Amerika erläuterte, aus dem Gemurmel der Menschen ringsum, aus dem schallenden Gelächter eines fremden Mitreisenden hinter Mendels Rücken, aus den unaufhörlichen Reden, die Sam in des Vaters Angesicht warf, Reden, die Mendel nicht verstand, zu denen er aber fortwährend nickte, ein furchtsames und zugleich freundliches Lächeln um die Lippen, wie eine schmerzende Klammer aus Eisen. Selbst wenn er den Mut gehabt hätte, ernst zu bleiben, wie es seiner

Situation entsprach, er hätte das Lächeln nicht ablegen können. Er hatte nicht die Kraft, eine Miene zu verändern. Die Muskeln seines Angesichts waren erstarrt. Er hätte lieber geweint wie ein kleines Kind. Er roch den scharfen Teer aus dem schmelzenden Asphalt, den trockenen und spröden Staub in der Luft, den ranzigen und fetten Gestank aus Kanälen und Käsehandlungen, den beizenden Geruch von Zwiebeln, den süßlichen Benzinrauch der Autos, den fauligen Sumpfgeruch aus Fischhallen, die Maiglöckchen und das Chloroform von den Wangen seines Sohnes. Alle Gerüche vermengten sich im heißen Brodem, der ihm entgegenschlug, mit dem Lärm, der seine Ohren erfüllte und seinen Schädel sprengen wollte. Bald wusste er nicht mehr, was zu hören, zu sehen, zu riechen war. Er lächelte immer noch und nickte mit dem Kopf. Amerika drang auf ihn ein, Amerika zerbrach ihn, Amerika zerschmetterte ihn. Nach einigen Minuten wurde er ohnmächtig.

Er erwachte in einem Lunch-Room, in den man ihn in der Eile gebracht hatte, um ihn zu laben. In einem runden, von hundert kleinen Glühbirnen umkränzten Spiegel erblickte er seinen weißen Bart und seine knochige Nase und glaubte im ersten Augenblick, Bart und Nase gehörten einem andern. Erst an seinen Angehörigen, die ihn umringten, erkannte er sich selbst wieder. Ein bisschen schämte er sich. Er öffnete mit einiger Mühe die Lippen und bat seinen Sohn um Entschuldigung. Mac ergriff seine Hand und schüttelte sie, als gratulierte er Mendel Singer zu einem gelungenen Kunststück oder zu einer gewonnenen Wette. Um den Mund des Alten legte sich wieder die eiserne Klammer des Lächelns, und die unbekannte Gewalt bewegte wieder seinen Kopf, sodass es aussah, als ob Mendel nickte. Mirjam sah er. Sie hatte wirre, schwarze Haare unter dem gelben Schal, etwas Ruß auf den blassen Wangen und einen langen Strohhalm zwischen den Zähnen. Deborah hockte breit, stumm, mit geblähten Nasenflügeln und auf und ab ebbenden Brüsten auf einem runden Sessel ohne Lehne. Es sah aus, als müsste sie bald herunterfallen.

Was gehen mich diese Leute an?, dachte Mendel. Was geht mich ganz Amerika an? Mein Sohn, meine Frau, meine Tochter, dieser Mac? Bin ich noch Mendel Singer? Ist das noch meine Familie? Bin ich noch Mendel Singer? Wo ist mein Sohn Menuchim? Es war ihm, als wäre er aus sich selbst herausgestoßen worden, von sich selbst getrennt, würde er fortan leben müssen. Es war ihm, als hätte er sich selbst in Zuchnow zurückgelassen, in der Nähe Menuchims. Und während es um seine Lippen lächelte und während es seinen Kopf schüttelte, begann sein Herz, langsam zu vereisen, es pochte wie ein metallener Schlegel gegen kaltes Glas. Schon war er einsam, Mendel Singer: Schon war er in Amerika …

Ein paar hundert Jahre früher war ein Ahne Mendel Singers wahrscheinlich aus Spanien nach Wolynien gekommen. Er hatte ein glücklicheres, ein gewöhnlicheres, jedenfalls ein weniger beachtetes Schicksal als sein Nachfahre, und wir wissen infolgedessen nicht, ob er viele Jahre oder wenige gebraucht hat, um in dem fremden Land heimisch zu werden. Von Mendel Singer aber wissen wir, dass er nach einigen Monaten in New York zu Hause war.

Ja, er war beinahe heimisch in Amerika! Er wusste bereits, dass old chap auf Amerikanisch Vater hieß und old fool Mutter, oder umgekehrt. Er kannte ein paar Geschäftsleute aus der Bowery, mit denen sein Sohn verkehrte, die Essex Street, in der er wohnte, und die Houston Street, in der das Kaufhaus seines Sohnes lag, seines Sohnes Sam. Er wusste, dass Sam bereits ein American boy war, dass man goodbye sagte, how do you do und please, wenn man ein feiner Mann war, dass ein Kaufmann von der Grand Street Respekt verlangen konnte und manchmal am River wohnen durfte, an jenem River, nach dem es auch Schemarjah gelüstete. Man hatte ihm gesagt, dass Amerika God's own country hieß, dass es das Land Gottes war, wie einmal Palästina, und New York eigentlich the wonder city, die Stadt der Wunder, wie einmal Jerusalem. Das Beten dagegen nannte man service und die Wohltätigkeit ebenso. Sams kleiner Sohn, zur Welt gekommen knapp eine Woche nach der Ankunft des Großvaters, heißt nicht anders denn Mac-Lincoln und wird in einigen Jahren, husch, geht die Zeit in Amerika, ein college boy. My dear boy nennt den Kleinen heute die Schwiegermutter. Vega heißt sie immer noch, merkwürdigerweise. Blond ist sie und sanft, mit blauen Augen, die Mendel Singer mehr Güte als Klugheit verraten. Mag sie dumm sein! Frauen brauchen keinen Verstand, Gott helfe ihr, amen! Zwischen zwölf und zwei muss man Lunch essen und zwischen sechs und acht ein Dinner. Dieser Zeiten achtet Mendel nicht. Er isst um drei Uhr nachmittags und um zehn Uhr abends, wie zu Hause, obwohl eigentlich zu Hause Tag ist, wenn er sich zum Nachtmahl setzt, oder auch früher Morgen, wer kann es wissen. All right heißt einverstanden, und statt ja! sagt man yes! Will man einem etwas Gutes wünschen, so wünscht man ihm nicht Glück und Gesundheit, sondern prosperity. In der nächsten Zukunft schon gedenkt Sam eine neue Wohnung zu mieten, am River, mit einem parlour. Ein Grammophon besitzt er schon, Mirjam leiht es manchmal bei der Schwägerin aus, und er trägt es in getreuen Armen durch die Straßen wie ein krankes Kind. Das Grammophon kann viele Walzer spielen, aber auch Kol Nidre. Sam wäscht sich zweimal am Tag, den Anzug, den er manchmal am Abend trägt, nennt er dress. Deborah war schon zehnmal im Kino und dreimal im Theater. Sie hat ein seidenes, dunkelgraues Kleid. Sam hat es ihr geschenkt. Eine große, goldene Kette trägt sie um den Hals, sie erinnert an eines der Lustweiber, von denen manchmal die heiligen Schriften erzählen. Mirjam ist Verkäuferin in Sams Laden. Sie kommt nach Mitternacht heim und geht um sieben Uhr morgens weg. Sie sagt Guten Abend, Vater!, Guten Morgen, Vater!, und weiter nichts. Hier und da hört Mendel Singer aus Gesprächen, die an seinen Ohren vorüberrinnen, wie ein Fluss vorbeirinnt an den Füßen eines alten Mannes, der am Ufer steht, dass Mac mit Mirjam spazieren geht, tanzen geht, baden geht, turnen geht. Er weiß, Mendel Singer, dass Mac kein Jude ist, die Kosaken sind auch keine Juden, so weit ist es noch nicht, Gott wird helfen, man wird sehen. Deborah und Mirjam leben gut miteinander. Friede ist im Haus. Mutter und Tochter flüstern miteinander, oft, lange nach Mitternacht, Mendel tut, als ob er schliefe. Er kann es leicht. Er schläft in der Küche, Frau und Tochter schlafen im einzigen Wohnraum. Paläste bewohnt man auch in Amerika nicht. Man wohnt im ersten Stock! Ein Glücksfall. Wie leicht hätte man auch im zweiten, im dritten, im vierten wohnen können! Die Treppe ist schief und schmutzig, immer finster. Mit Streichhölzern beleuchtet man auch am Tage die Stufen. Es riecht warm, feucht und klebrig nach Katzen. Aber Mäusegift und Glassplitter, in Sauerteig zerrieben, muss man immer noch, jeden Abend, in die Ecken legen. Deborah scheuert jede Woche den Fußboden, aber so safrangelb wie zu Hause wird er niemals. Woran liegt das? Ist Deborah zu schwach? Ist sie zu faul? Ist sie zu alt? Alle Bretter quietschen, wenn Mendel durch die Stube geht. Unmöglich zu erkennen, wo Deborah jetzt das Geld verbirgt. Zehn Dollar in der Woche gibt Sam. Dennoch ist Deborah aufgebracht. Sie ist ein Weib, manchmal reitet sie der Teufel. Sie hat eine gute, sanfte Schwiegertochter, Deborah aber behauptet, Vega treibe Luxus. Wenn Mendel derlei Reden hört, sagt er: »Schweig, Deborah! Sei zufrieden mit den Kindern! Bist du noch immer nicht alt genug, um zu schweigen? Hast du mir nicht mehr vorzuwerfen, dass ich zu wenig verdiene, und quält es dich, dass du mit mir nicht streiten kannst? Schemarjah hat uns hierhergebracht, damit wir alt werden und sterben in seiner Nähe. Seine Frau ehrt uns beide, wie es sich gehört. Was willst du noch, Deborah?«

Sie wusste nicht genau, was ihr fehlte. Vielleicht hatte sie gehofft, in Amerika eine ganz fremde Welt zu finden, in der es möglich gewesen wäre, das alte Leben und Menuchim sofort zu vergessen. Aber dieses Amerika war keine neue Welt. Es gab mehr Juden hier als in Kluczýsk, es war eigentlich ein größeres Kluczýsk. Hatte man den weiten Weg über das große Wasser nehmen müssen, um wieder nach Kluczýsk zu kommen, das man in der Fuhre Sameschkins hätte erreichen können? Die Fenster gingen in einen finstern Lichthof, in dem Katzen, Ratten und Kinder sich balgten, um drei Uhr nachmittags, auch im Frühling, musste man die Petroleumlampe anzünden, nicht einmal elektrisches Licht gab es, ein eigenes Grammophon hatte man auch noch nicht. Licht und Sonne hatte Deborah wenigstens zu Hause gehabt. Gewiss! Sie ging dann und wann mit der Schwiegertochter ins Kino, zweimal war sie schon in der Untergrundbahn gefahren, Mirjam war ein nobles Fräulein, mit Hut und Seidenstrümpfen. Brav war sie geworden. Geld verdiente sie auch. Mac gab sich mit ihr ab, besser Mac als die Kosaken. Er war der beste Freund Schemarjahs. Man verstand zwar kein Wort von seinen unaufhörlichen Reden, aber man würde sich daran gewöhnen. Er war geschickter als zehn Juden und hatte noch gewiss den Vorteil, keine Mitgift zu verlangen. Schließlich war es doch eine andere Welt. Ein amerikanischer Mac war kein russischer Mac. Mit dem Geld kam Deborah auch hier nicht aus. Das Leben verteuerte sich zusehends, vom Sparen konnte sie nicht lassen, das gewohnte Dielenbrett verdeckte bereits achtzehnundeinhalb Dollar, die Karotten verringerten sich, die Eier wurden hohl, die Kartoffeln gefroren, die Suppen wässerig, die Karpfen schmal und die Hechte kurz, die Enten mager, die Gänse hart und die Hühner ein Nichts.

Nein, sie wusste nicht genau, was ihr fehlte, Menuchim fehlte ihr. Oft, im Schlaf, im Wachen, beim Einkaufen, im Kino, beim Aufräumen, beim Backen hörte sie ihn rufen. Mama! Mama!, rief er. Das einzige Wort, das er sprechen gelernt hatte, musste er jetzt schon vergessen haben. Fremde Kinder hörte sie Mama rufen, die Mütter meldeten sich, keine einzige Mutter ließ freiwillig von ihrem Kinde. Man hätte nicht nach Amerika fahren dürfen. Aber man konnte ja immer noch heimkehren!

»Mendel«, sagte sie manchmal, »sollen wir nicht umkehren, Menuchim sehn?«

»Und das Geld und der Weg und wovon leben? Glaubst du, dass Schemarjah so viel geben kann? Er ist ein guter Sohn, aber er ist nicht Vanderbilt. Es war vielleicht Bestimmung. Bleiben wir vorläufig! Menuchim werden wir hier wiedersehn, wenn er gesund werden sollte.«

Die Sorgen verließen ihn, der Tod näherte sich ihm. Sein Bart war weiß, sein Auge war schwach. Der Rücken krümmte sich, und die Hände zitterten. Der Schlaf war leicht, und die Nacht war lang. Die Zufriedenheit trug er wie ein fremdes, geborgtes Kleid. Sein Sohn übersiedelte in die Gegend der Reichen, Mendel blieb in seiner Gasse, in seiner Wohnung, bei den blauen Petroleumlampen, in der Nachbarschaft der Armen, der Katzen und der Mäuse. Er war fromm, gottesfürchtig und gewöhnlich ein ganz alltäglicher Jude. Wenige beachteten ihn. Manche bemerkten ihn gar nicht. Ein paar alte Freunde besuchte er tagsüber: Menkes, den Obsthändler, Skowronnek, die Musikalienhandlung, Rottenberg, den Bibelschreiber, Groschel, den Schuster. Einmal in der Woche kamen seine drei Kinder, sein Enkel und Mac. Er hatte ihnen gar nichts zu sagen. Sie erzählten Geschichten aus dem Theater, aus der Gesellschaft und aus der Politik. Er hörte zu und schlief ein. Wenn Deborah ihn weckte, schlug er die Augen auf. »Ich habe nicht geschlafen!«, versicherte er. Mac lachte. Sam lächelte. Mirjam flüsterte mit Deborah. Mendel blieb eine Weile wach und nickte wieder ein. Er träumte sofort: Begebenheiten aus der Heimat und Dinge, von denen er in Amerika nur gehört hatte, Theater, Akrobaten und Tänzerinnen in Gold und Rot, den Präsidenten der Vereinigten Staaten, das Weiße Haus, den Milliardär Vanderbilt und immer wieder Menuchim. Der kleine Krüppel mischte sich zwischen das Rot und Gold der Sängerinnen, und vor dem bleichen Strahlen des Weißen Hauses haftete er als ein armer, grauer Fleck. Dies und jenes mit wachen Augen anzuschauen, war Mendel zu alt. Er glaubte seinen Kindern aufs Wort, dass Amerika das Land Gottes war, New York die Stadt der Wunder und Englisch die schönste Sprache. Die Amerikaner waren gesund, die Amerikanerinnen schön, der Sport wichtig, die Zeit kostbar, die Armut ein Laster, der Reichtum ein Verdienst, die Tugend der halbe Erfolg, der Glaube an sich selbst ein ganzer, der Tanz hygienisch, Rollschuhlaufen eine Pflicht, Wohltätigkeit eine Kapitalanlage, Anarchismus ein Verbrechen, Streikende die Feinde der Menschheit, Aufwiegler Verbündete des Teufels, moderne Maschinen Segen des Himmels, Edison das größte Genie. Bald werden die Menschen fliegen wie Vögel, schwimmen wie Fische, die Zukunft sehn wie Propheten, im ewigen Frieden leben und in vollkommener Eintracht bis zu den Sternen Wolkenkratzer bauen. Die Welt wird sehr schön sein, dachte Mendel, glücklich mein Enkel! Er wird alles erleben! Dennoch mischte sich in seine Bewunderung für die Zukunft ein Heimweh nach Russland, und es beruhigte ihn, zu wissen, dass er noch vor den Triumphen der Lebendigen ein Toter sein würde. Er wusste nicht, warum. Es beruhigte ihn. Er war bereits zu alt für das Neue und zu schwach für Triumphe. Er hatte nur eine Hoffnung noch: Menuchim zu sehn. Sam oder Mac würde hinüberfahren, ihn holen. Vielleicht fuhr auch Deborah.

Es war Sommer. Das Ungeziefer in der Wohnung Mendel Singers vermehrte sich unaufhaltsam, obwohl die kleinen Messingräder an den Füßen der Betten Tag und Nacht in Näpfchen voll Petroleum standen und obwohl Deborah mit einer zarten Hühnerfeder, in Terpentin getaucht, alle Ritzen der Möbel bestrich. Die Wanzen zogen in langen, geordneten Reihen die Wände hinunter, den Plafond entlang, warteten in blutlüsterner Tücke auf den Anbruch der Finsternis und fielen auf die Lager der Schlafenden. Die Flöhe sprangen aus den schwarzen Sparren zwischen den Brettern der Diele, in die Kleider, auf die Kissen, auf die Decken. Die Nächte waren heiß und schwer. Durch die offenen Fenster kam von Zeit zu Zeit das ferne Dröhnen unbekannter Züge, die kurzen, regelmäßigen Donner einer meilenweiten, geschäftigen Welt und der trübe Dunst aus nachbarlichen Häusern, Misthaufen und offenen Kanälen. Die Katzen lärmten, die herrenlosen Hunde heulten, Säuglinge schrien durch die Nacht, und über dem Kopf Mendel Singers schlurften die Schritte der Schlaflosen, dröhnte das Niesen der Erkälteten, miauten die Ermatteten in qualvollem Gähnen. Mendel Singer entzündete die Kerze in der grünen Flasche neben dem Bett und ging ans Fenster. Da sah er den rötlichen Widerschein der lebendigen amerikanischen Nacht, die sich irgendwo abspielte, und den regelmäßigen silbernen Schatten eines Scheinwerfers, der verzweifelt am nächtlichen Himmel Gott zu suchen schien. Ja, und ein paar Sterne sah Mendel ebenfalls, ein paar kümmerliche Sterne, zerhackte Sternbilder. Mendel erinnerte sich an die hellgestirnten Nächte daheim, die tiefe Bläue des weitgespannten Himmels, die sanft gewölbte Sichel des Mondes, das finstere Rauschen der Föhren im Wald, an die Stimmen der Grillen und Frösche. Es kam ihm vor, dass es leicht wäre, jetzt, so wie er ging und stand, das Haus zu verlassen und zu Fuß weiterzuwandern, die ganze Nacht, so lange, bis er wieder unter dem freien Himmel war und die Frösche vernahm und die Grillen und das Wimmern Menuchims. Hier in Amerika gesellte es sich zu den vielen Stimmen, in denen die Heimat sang und redete, zum Zirpen der Grillen und zum Quaken der Frösche. Dazwischen lag der Ozean, dachte Mendel. Man musste ein Schiff besteigen, noch einmal ein Schiff, noch einmal zwanzig Tage und Nächte fahren. Dann war er zu Hause bei Menuchim.

Die Kinder redeten ihm zu, endlich das Viertel zu verlassen. Er hatte Angst. Er wollte nicht übermütig werden. Jetzt, wo alles gutzugehn begann, durfte man nicht Gottes Zorn hervorrufen. Wann war es ihm je besser gegangen? Wozu in andere Gegenden ziehn? Was hatte man davon? Die paar Jahre, die er noch zu leben gedachte, konnte er in Gemeinschaft mit dem Ungeziefer verbringen.

Er wandte sich um. Da schlief Deborah. Früher hatte sie hier im Zimmer mit Mirjam geschlafen. Jetzt wohnte Mirjam bei ihrem Bruder. Oder bei Mac, dachte Mendel, hurtig und verstohlen. Deborah schlief ruhig, halb aufgedeckt, ein breites Lächeln über dem breiten Angesicht. Was geht sie mich an?, dachte Mendel. Wozu leben wir noch zusammen? Unsere Lust ist vorbei, unsere Kinder sind groß und versorgt, was soll ich bei ihr? Essen, was sie gekocht hat! Es steht geschrieben, dass es nicht gut ist, dass der Mensch allein sei. Also leben wir zusammen. Sehr lange schon lebten sie zusammen, jetzt handelte es sich darum, wer früher sterben würde. Wahrscheinlich ich, dachte Mendel. Sie ist gesund und hat wenig Sorgen. Immer noch verbirgt sie Geld unter irgendeinem Dielenbrett. Sie weiß nicht, dass es Sünde ist. Mag sie es verbergen!

Die Kerze im Flaschenhals ist zu Ende gebrannt. Die Nacht

ist vergangen. Die ersten Geräusche des Morgens hört man schon, noch ehe man die Sonne sieht. Man öffnet irgendwo kreischende Türen, man hört polternde Schritte im Stiegenhaus, der Himmel ist fahlgrau, und von der Erde steigt ein gelblicher Dunst auf, Staub und Schwefel aus den Kanälen. Deborah erwacht, seufzt und sagt: »Es wird regnen! Es stinkt aus dem Kanal, mach die Fenster zu!«

So beginnen die sommerlichen Tage. Am Nachmittag kann Mendel nicht zu Hause schlafen. Er geht auf den Spielplatz der Kinder. Er freut sich am Gesang der seltenen Amseln, sitzt lange auf einer Bank, zieht mit dem Regenschirm verworrene Striche in den Sand. Das Geräusch des Wassers, das ein langer Gummischlauch über den kleinen Rasen stäubt, kühlt Mendel Singers Angesicht, er glaubt, das Wasser zu fühlen, und er schläft ein. Er träumt vom Theater, von Akrobaten in Rot und Gold, vom Weißen Haus, vom Präsidenten der Vereinigten Staaten, vom Milliardär Vanderbilt und von Menuchim.

Eines Tages kommt Mac. Er sagt (Mirjam begleitet ihn und übersetzt es), dass er Ende Juli oder im August nach Russland fahren wird, Menuchim holen.

Mendel ahnt, warum Mac fahren will. Er möchte wahrscheinlich Mirjam heiraten. Er tut alles Mögliche für die Familie Singer.

Wenn ich stürbe, denkt Mendel, würde Mac Mirjam heiraten. Beide warten auf meinen Tod. Ich habe Zeit. Ich warte auf Menuchim.

Es ist Juni, ein heißer und besonders langer Monat. Wann wird endlich der Juli kommen?

Ende Juli bestellt Mac eine Schiffskarte. Man schreibt an die Familie Billes. Mendel geht in den Laden der Skowronneks, um den Freunden zu erzählen, dass sein jüngster Sohn ebenfalls nach Amerika kommt.

Im Laden der Familie Skowronnek sind viel mehr Leute

versammelt als sonst, an andern Tagen. Jeder hat ein Zeitungspapier in der Hand. In Europa ist der Krieg ausgebrochen.

Mac wird nicht mehr nach Russland fahren. Menuchim wird nicht nach Amerika kommen. Der Krieg ist ausgebrochen.

Hatten die Sorgen nicht soeben erst Mendel Singer verlassen? Sie gingen, und der Krieg brach aus.

Jonas war im Krieg und Menuchim in Russland.

Zweimal in der Woche am Abend kamen Sam und Mirjam, Vega und Mac Mendel Singer besuchen. Und sie bemühten sich, dem Alten Jonas' sichern Untergang und Menuchims gefährdetes Leben zu verbergen. Es war, als glaubten sie, sie könnten Mendels nach Europa gerichteten Blick auf ihre eigene glückliche Leistung und ihre eigene Sicherheit lenken. Sie stellten sich gleichsam zwischen Mendel Singer und den Krieg. Und während er ihren Reden zuzuhören schien, ihren Vermutungen recht gab, dass Jonas in einer Kanzlei beschäftigt sei und Menuchim seiner besonderen Krankheit wegen gesichert in einem Petersburger Spital, sah er seinen Sohn Jonas mit dem Pferd stürzen und in einem jener Stacheldrähte hängen bleiben, die von den Kriegsberichterstattern so anschaulich beschrieben wurden. Und sein Häuschen in Zuchnow brannte – Menuchim lag im Winkel und wurde verbrannt. Gelegentlich getraute er sich, einen kleinen Satz zu sagen. »Vor einem Jahr, als der Brief kam«, sagte Mendel, »hätte ich selbst zu Menuchim fahren müssen.«

Niemand wusste darauf etwas zu erwidern. Ein paarmal schon hatte Mendel diesen Satz gesprochen, und stets war das gleiche Schweigen eingebrochen. Es war, als löschte der Alte mit diesem einen Satz das Licht im Zimmer aus, finster wurde es, und keiner sah mehr, wohin mit dem Finger zu deuten. Und nachdem sie lange geschwiegen hatten, erhoben sie sich und gingen.

Mendel Singer aber schloss die Tür hinter ihnen, schickte Deborah schlafen, entzündete eine Kerze und begann, einen Psalm nach dem andern zu singen. In guten Stunden sang er sie und in bösen. Er sang sie, wenn er dem Himmel dankte und wenn er ihn fürchtete. Mendels schaukelnde Bewegungen waren immer die gleichen. Und nur an seiner Stimme hätte ein aufmerksamer Lauscher vielleicht erkannt, ob Mendel, der Gerechte, dankbar war oder ausgefüllt von Ängsten.

In diesen Nächten schüttelte ihn die Furcht wie der Wind einen schwachen Baum. Und die Sorge lieh ihm ihre Stimme, mit einer fremden Stimme sang er die Psalmen. Er war fertig. Er schlug das Buch zu, hob es an die Lippen, küsste es und drückte die Flamme aus. Aber er wurde nicht ruhig. Zu wenig, zu wenig – sagte er sich – habe ich getan. Manchmal erschrak er über die Erkenntnis, dass sein einziges Mittel, das Singen der Psalmen, ohnmächtig sein könnte in dem großen Sturm, in dem Jonas und Menuchim untergingen. Die Kanonen, dachte er, sind laut, die Flammen sind gewaltig, meine Kinder verbrennen, meine Schuld ist es, meine Schuld! Und ich singe Psalmen. Es ist nicht genug! Es ist nicht genug!

Ein Streifzug zu Times Square und Ellis Island

Jerome Charyn

Jetzt steht wieder eine Restaurierung an, die Verschwörung nämlich, den Times Square allen anständigen Bürgern New Yorks zurückzugeben. Ja, der Times Square ist vielleicht schon bald ein vergessener Dinosaurier, ein Trümmerfeld unter vielen in unserer Stadtlandschaft, wieder so ein Stück vom Mond, aber ein teures Stück, denn die fünf Hektar, die auf dem Abrissplan stehen, könnten zum teuersten Grundstück der Welt werden. So ist Manhattan. Von Sexshops und »Action«-Kinos zu vier Bürotürmen, einem 560-Zimmer-Hotel und einem Einkaufszentrum, bevor wir papp sagen können. Ich möchte wissen, warum diese dumme, dreckige Ecke nicht wie Greenwich Village zum Wahrzeichen ernannt werden kann, denn es ist ein Teil unserer Seele, uns so viel wert wie die Löwen vor der Public Library. Aber wer hört schon auf einen Anarchisten wie mich, wenn Philip Johnson, der Pharao der modernen Architekten, seine Finger im Spiel hat? Vier Bürotürme hat er entworfen, aus Kalkstein, mit gläsernen Mansarddächern und Eisenfirsten. Vier beredte Mausoleen, Bilder der totalen Ordnung und Anmut, mitten in der zornigsten und gesetzlosesten Gegend der

Vereinigten Staaten. Nicht einmal Lewis Mumford hätte einem Rudel Straßen einen so plumpen und würdelosen Tod prophezeien können.

Die Sanierungspläne für den Times Square riechen nach der alten, immer wieder neuen Fehde zwischen Ordnung und Chaos. Aber es gibt noch einen zusätzlichen Haken. Der Times Square ist im letzten Vierteljahrhundert gestrauchelt. Er ist zu einem Tummelplatz der Armen geworden, einem schwarzbraunen Park inmitten einer weißen Stadt. Und wenn es nach dem Willen der Bauherren geht, dann wird dieser Tummelplatz verschwinden. Was zum Teufel ist am Times Square dran, was ist daran so wichtig, dass man ihn unter Dächern mit einem Eisenfirst ersticken will?

Es war einmal, da war er der Long Acre Square gewesen, eigentlich ein Dreieck, Ecke Seventh Avenue und Broadway. Das war 1900, in dem Jahr, als Ellis Island wieder als feuerfeste Burg geöffnet wurde, und der Long Acre befand sich mitten in einem Bauboom. Es war eine Gegend mit Kutschenwerkstätten, die ihren Namen von einer Straße in London hatte, in der es ähnliche Werkstätten gab. New York war gerade dabei, sich aus seinem Inselnetz zu lösen, und sehnte sich nach einem »Stil«, der seinen wirtschaftlichen Erfolg begleiten könnte. Es war die mächtigste Stadt der Neuen Welt, doch seine Schriftsteller und Künstler waren nach England und Frankreich geflohen; die Lebensart hielt mit der Macht nicht Schritt. Und so fing es an, einer englischen Landkarte ähnlich zu werden. New York hatte sein Brighton und sein Chelsea und einen Long Acre Square. Doch die Reichen wagten sich nicht über die Kutschenwerkstätten am Broadway hinaus.

Hinter der Eighth Avenue begannen die anrüchigen Viertel. Da war Teufels Küche, die Reviere der irischen, deutschen und italienischen Banden. Billy the Kid kam dort zur Welt.

Teufels Küche war schlimmer als der Wilde Westen. Doch die Banden hielten sich an die Eleventh Avenue und gaben sich nur selten mit dem Kutschenvolk ab. Das war die höfliche Beschränktheit der amerikanischen Ganoven im Jahre 1900. Sie zogen es vor, einander umzubringen.

Da kam ein Turm an den Long Acre Square. Die *New York Times* war weiter nördlich gezogen. Der Long Acre versuchte, mit dem Harold Square zu konkurrieren, der schon das neue Kaufhaus Macy's und die »Sixth Avenue el«, die Hochbahn, hatte. Als 1904 New Yorks erste U-Bahn eröffnet wurde, nannte man den Bahnhof an der 42nd Street »Times Square«. Und der Harold Square war als Schnittpunkt Manhattans abgeschrieben.

Doch wie begann das ganze Getöse, wie die Silvesterfeiern, die eine Million Seelen anziehen konnten? Schuld ist nur die *New Tork Times*. Am 31. Dezember 1904 feierte die *Times* ihren neuen Terrakotta-Turm mit einem mitternächtlichen Feuerwerk, und ab da wurde Silvester am Times Tower zum alljährlichen Ereignis. Bald genügte das Feuerwerk nicht mehr. Silvester 1908 ließ die *Times* eine erleuchtete Kugel die ganze Länge der Turmnadel herab, bis die Kugel genau um Mitternacht das untere Ende der Nadel erreichte. Doch es war nicht nur das Wunder einer dunkler werdenden Kugel, das die Leute einmal im Jahr zu dem Turm zog. Die Gegend um den alten Long Acre war zur Theatermetropole, zum Times Square geworden, eine elektrische Leuchtreklame an der andern; 1916 leitete eine Bezirksverfügung die Ära der riesigen Reklametafeln ein. Die ganze Gegend wurde elektrifiziert. Der Times Square wurde zu einem zweiten Coney Island, mit Schießständen und Spielautomaten, Abnormitäten und Bauchtänzerinnen. Es gab keine Pferderennbahn, aber es war ein neues Traumland, eine elektrische Stadt, die große weiße Straße Broadway. Als die Kinopaläste aufkamen und die alten echten Theater in die Seitenstraßen verdrängt wurden, entstand eine mythische Kultur, *Broadway*, das Land der Hochs und Tiefs.

Es war ein Universum für sich, mit einem eigenen Argot, einer Sprache der Clowns und Penner, so ein halbjiddischer »Tough Guy«-Slang; Damon Runyon, der Pfarrer vom Broadway, hat ihn aufgezeichnet. Runyon fing die besondere Musik der Mitternachtscafés und kleinen Läden, der Kredithaie und Huren ein. Sie wurde verkitscht, ebenso wie der Broadway selbst, wo jede elende Gestalt auf die Bühne kam und es nichts zwischen Geflüster und Geschrei gab. Am Broadway gab es keine Mitte. Hierhin zog es die Banditen, all die Schauspieler, Stripperinnen und Komödianten, die ein wenig außerhalb der Legalität lebten. Sie stopften sich den Mund voll mit Käsekuchen aus Lindy's, der »jüdischen« Cafeteria, und ließen eine Menge Krümel zurück.

»Der Broadway liest sich besser, als er lebt«, hatte Runyon einmal gesagt. Wie jeder schillernde Ort existierte er als eine Art Zeitungs- und Romanschreibertraum. Runyons Gangster töteten nie. Sie wagten sich kaum weg vom »Stem«, wie Insider ihr kostbares Stück Broadway nannten. Der Times Square war ein leicht verletztes OZ, ein Dorf bei Nacht in einer Stadt bei Tag. Hexen irrlichterten auf der düsteren Kehrseite des »Great White Way«. Runyon selbst war ein einsamer Mensch. Wie ein extravaganter Zigeuner wohnte er im Penthouse eines Hotels am Times Square. Fast schien es, als sei er ein Wesen seiner eigenen Erfindung, runyonesker als jedes seiner Jungs und Mädels. Aber er war ja auch kein Einheimischer. Er stammte aus Manhattan, Kansas. Und als er 1946 an Kehlkopfkrebs starb, »nach sechsunddreißig Jahren Kettenrauchen und sechzig Tassen Kaffee am Tag«, wurde seine Asche seinem Wunsch entsprechend »aus einem Flugzeug mit Eddie Rickenbacker am Steuer über dem Broadway verstreut«.

Runyons Ära könnte zusammen mit seiner Asche geendet haben, doch der Times Square blieb. Er war ein Spielplatz für die Gettos, lange bevor Schwarze und Latinos das Feld übernahmen. Der Times Square war ein Fußgängerparadies, die billigste Form der Unterhaltung in der Stadt. Bis ich zwölf war, war meine einzige Erinnerung an Manhattan der Times Square.

Ich hatte nie von Helen Hayes gehört. Und Eugene O'Neill klang wie der Bruder von irgendeinem Iren. Aber in der Schule war ich mit allen Wassern gewaschen, da kassierte ich meine eigenen Schutzgelder. In der fünften Klasse begann ich, mich zu rasieren, und bot den andern meine Dienste an. Für einen Dime im Monat sorgte ich dafür, dass niemand ihnen ein Haar krümmte. Das war kein schlechtes Geschäft. Die Dimes in meiner Tasche vermehrten sich rapide, und das zu einer Zeit, als man mit einem Nickel in New York noch sehr weit kam. Nicht die Nickels, die sie heute haben, Monticello auf der einen und Thomas Jefferson auf der anderen Seite, der Typ, der die Unabhängigkeitserklärung geschrieben hat. Ich meine den Buffalo-Nickel, denn er war wie keine andere Münze auf der Welt. Wenn man den in das Drehkreuz an der Freeman Station geschmissen hat, dann konnte man sehen, wie er in den Glasinnereien des Kreuzes wuchs. Das war wie ein toller optischer Trick, weil der Nickel in seinem gilbenden Glasbett so groß wie ein Menschenkopf war. Damit begann eine U-Bahn-Fahrt im Jahre 1946.

Ich hatte keine Angst, den Bauch der 42nd zu betreten, diesen endlosen Untergrund, wo unter den Arkaden dunkle Gestalten ihre Bleipusten verkauften. Man konnte den Times Square entdecken, ohne je die Oberfläche zu betreten. Kein anderer Bahnhof der IRT hatte ein solches Labyrinth von Bahnsteigen, Gängen und Treppen. Die ganze Metropole schien an diesem Punkt zusammenzulaufen. Das war gefährlich für einen Jungen mit so vielen Dimes in der Hose, weil es Taschendiebe gab, sogar in der guten alten Zeit.

Ich hielt mich nicht auf. Stieg die Treppen zum Ausgang Seventh Avenue hinauf und fühlte mich nicht fremd. Es war wie nach Hause kommen. Von Lindy's Käsekuchen wusste ich nichts. Das *Times*-Band hatte es mir angetan, der endlose Nachrichtenstreifen, der quer über den Turm lief, Buchstaben gingen an und aus, ein ideales Wörterbuch. Das war die einzige Landschaft, der ich als Junge vertraut habe. Den Meldungen auf der Turmwand konnte man immer glauben.

Aber das war noch nicht alles. Da war die grandiose Gabelung an der Seventh, der Broadway breitete sich aus wie ein goldener Keil, Reklametafeln über deinem Kopf, die für die halbe Welt zu werben schienen … und für Hollywood. Esther Williams' Körper senkte sich in einem Wasserfall herab, Rex Harrison trug seinen Juwelenhut aus *Anna and the King of Siam*, Gregory Pecks Wangenknochen, groß wie eine Höhle, forderten, *Duel in the Sun* ja nicht zu versäumen.

Ich ging ins Stanley, wo die ganzen russischen Wochenschauen liefen. 1946 war Stalin ein Held. In den russischen Wochenschauen baute Onkel Joe ständig Walzwerke mit links und zog an seinem Schnauzbart. Er war viel exotischer als Harry Truman und seine Tochter, die immer nur am Klavier saß. Stalin hatte Augen wie Eddie Cantor. Ich stellte mir vor, wie es wäre, ihn zum Vater zu haben. Stalin hätte die Feinheiten des Steuerrads kapiert und den Plymouth meines Vaters nie verkauft. Er war kein Greenhorn. Er musste nicht sein Leben damit verbringen, sich einen Job zu suchen.

Nach den Wochenschauen strebte ich ins Karnevalland, jenen Streifen mit Arkaden und Abnormitäten neben dem Stanley. Ich hatte genügend Dimes dabei, um einen ganzen Monat zu verblasen. Zehn Cent kostete die Frau mit dem Bart, die von ihrer eigenen Generosität gelangweilt schien, und auch der bebilderte Mann mit seiner grünblauen Haut. Er hatte eine Bibelseite auf dem linken Arm und Salomons Kopf auf der Schulter. Kein Körperteil, der nicht irgendeine Geschichte erzählte. Er war eine einzige Schilderung von Kopf bis Fuß. Der bebilderte Mann konnte jedem Romanschreiber in den Hintern treten. Auf seinem Rücken entdeckte ich Bath-Seba. Aber länger als eine halbe Stunde konnte ich mich nicht auf seine Haut konzentrieren. Dann wanderte ich durch die erleuchteten Höhlen, bis es dunkel wurde. Und dann trat ich hinaus auf die 42nd Street und hinein in die Anarchie des Times Square.

Hier, unter all den Tierfressern, fühlte ich mich am sichersten. Da war ein Fließen, eine wesentliche Bewegungsart, fast wie ein reibender Kuss wie sonst nirgends in New York. Hier war man vollständig anonym, ohne die üblichen Identifikationsmerkmale des Lebens in der Stadt. Am »Stem« zählten Maßanzüge null. Wir alle waren nichts als Fremde, Frauen, Männer, und Fünftklässler mit einem Bart.

Der Times Square war das Ellis Island der Anarchisten. Die Einwanderer hier waren keine Flüchtlinge von den Grenzen des zaristischen Territoriums. Der »Stem« war der erste Landeplatz für Fremde aus dem Innern dieses Landes. Es war eine Nation der billigen Hotels, wo man das Haupt ohne die Scherereien einer richtigen Adresse zur Ruhe betten konnte. In hinlänglicher Nähe zu allen Busbahnhöfen gelegen, war er ein Bienenhaus für die Verlorenen, für diejenigen, die ihre eigene Flüchtigkeit erschnuppern konnten.

Ich war nicht der einzige Einwanderersohn, den es dorthin trieb. Es war ein machtvolles Traumlied, für alle, die wir hysterisch wegen unseres Ursprungs waren: halb Amerikaner und was sonst noch alles. Mein ganzes Sippengefühl ging auf einen einzigen Apfelhändler zurück. Welches war mein Viertel? Jedenfalls nicht die Tiefen der unteren Charlotte Street, eine

Gegend, die den Gestank derjenigen Einwanderer annahm, die ohne großen Erfolg nach Ehrbarkeit strebten. Ein Wirbelsturm fetzte durch die Charlotte Street. Sie versank in weniger als fünfundzwanzig Jahren im eigenen Schutt.

In den feinen Gegenden an der Upper East Side gab es keine Wirbelstürme. Das geografische Zentrum der gesellschaftlichen Elite ist seit 1939 nur um ein paar Straßen weitergewandert, von der 68th und Madison zur 72nd und Park. Das ist nicht gerade eine Völkerwanderung. Die Stabilität, die das suggeriert, stammt vielleicht auch aus einer Greenhornmär. Wer weiß schon, wie viele Einwanderersöhne und -töchter in das »Bürgerland« eingeheiratet haben?

Aber der Times Square ist wie ein Schattenreich dieser Elite, ein Hinweis auf New Yorks Achillesferse. Und das war er schon immer. Am Eingang zu Teufels Küche gelegen, hatte er anfangs eine Reihe Kutscherwerkstätten für die Reichen. Dann kamen die Theater mit ihren Lichtern und ihrem Gefühl der Unwesentlichkeit, denn nichts war flüchtiger als eine Schauspielerexistenz. Nach den Schauspielern kamen die *Times*, die U-Bahnhöfe, die großen und kleinen Hotels. Das Märchen begann. Der Broadway sah sich als eine Landschaft in ständiger Bewegung: die Stadt bei Nacht mit ihrer ganz eigenen Klientel. Runyon. Walter Winchell. »Guten Abend, Mr und Mrs America ...«

Das Märchen funktionierte fünfzig Jahre lang. Der Broadway war Nabelschnur und Kokon für Showbiz-Leute. Seine Sänger durften gültige Regeln missachten. Sie zogen diese Lichter allen anderen vor. Und dann zogen Jolson und Fanny Brice in die Vororte. Rothstein, der Spieler, wurde wie ein Hund erschossen. Jimmy Walker, *der* Mann vom Broadway, verlor seine Krone als Bürgermeister von New York, und die Nabelschnur bekam einen Riss. Mit dem Fernsehen wurden die Kinopaläste zu riesigen Gräbern. Der Broadway kam aus der Mode. Was übrig blieb, war die Anomalie seiner selbst, betresst mit echten Theatern. Sodass sich eine Art Kriegszone bildete zwischen dem Theatervolk, also den »Touristen«, und den Scharen von Ruhelosen. Eins kam noch hinzu. Die Ruhelosen waren mehr und mehr Latinos und Schwarze.

Mandrake der Magier braucht uns nicht erst zu erzählen, was geschah. Harlem hatte seinen eigenen »Great White Way« auf der 125th Street. Aber seine Theater fingen an zu sterben. Schwarze Musiker zog es ins Zentrum oder nach Hollywood. Harlem verlor seine Strivers Row, die Struktur einer Mittelklasse. Es konnte die Lichter an der 125th nicht halten. Seine Armen mussten sich einen anderen Rummelplatz suchen. Und dieser Rummelplatz war der Times Square.

Dann, in den Siebzigerjahren, versuchte Hollywood, sich ein neues schwarzes Publikum heranzuziehen. Es brachte eine Reihe schwarzer »Ausbeutungsfilme« hervor, mit Richard Roundtree als gerissenem Detektiv und Pam Grier als sexy Spinnenfrau. Und der Times Square wurde schwärzer und schwärzer. Die tollen Beine der Spinnenfrau sind nicht mehr, und Richard Roundtree ist in Nebenrollen abgesackt, aber das schwarze Publikum ist dem Times Square geblieben.

Der Times Square ist durch diese schwarze und braune Wanderung sogar gewachsen. Er hat sich nach Westen zur Ninth Avenue vorgebohrt und nagt schon an der Grenze zu Teufels Küche, die man jetzt unter dem Namen Clinton kennt. Im Süden reicht er bis zur Penn Station, nach Norden bis zur 49th; sein östlicher Rand ist nicht ganz klar begrenzt. Er schlängelt sich um die Sixth Avenue herum, und auf der 42nd hat er den Buckel der Bibliothek am Bryant Park erreicht. Die halbe Midtown quillt mit diesen Ruhelosen über, mit den Montespielern mit ihren drei Karten, schwarzen Schachmeistern mit mobilen Tischen und Schachuhren, schwarzen und weißen. Huren und Luden, Drogenhändlern, Plastiktütenfrauen und -männern, Tierfressern jeder Couleur, wandernden Stämmen junger Gangs, den Verrückten, den Einsamen, den Verlorenen. Nicht, dass Ruhelose die Straße übernommen hätten, das haben sie nur an ihrem Allerheiligsten (42nd, zwischen Seventh und Eighth), sie scheinen nur allgegenwärtig. Sie haben ihre Winkel, ihr besonderes Tanzritual inmitten von Touristenhotels und Vertreterabsteigen. Die Seventh Avenue hat ihre ordentlichen, altehrwürdigen Milchbars und ihre anarchistischen Orangensaftstände.

Das deutlichste Beispiel für die keimenden Wurzeln des Times Square aber ist der Niedergang des Herald Square. 1947, als *Miracle on 34th Street* erschien, war Macy's das beliebteste Kaufhaus der Welt. Es ist nicht verwunderlich, dass »Santa«, der Nikolaus, gespielt von Edmund Gwenn, ein Bürger vom Herald Square werden wollte. Der Film nahm die alte, ehrbare Rivalität zwischen Macy's und Gimbel's als strategischen Punkt. Macy's und Gimbel's waren nicht weniger archetypisch als der Nikolaus selbst. Aber sie sind es nicht mehr. Macy's kann nicht einmal einen Kaviarkrieg gegen Zabar's gewinnen, den irren, alten appetitlichen Markt der Upper West Side.

Wenn Nikolaus wieder einmal herabsteigt, dann nicht, um Macy's oder Zabar's Pökelfass zu besuchen. Er wird Bloomingdale's beehren, wo die »Guppies« (»groups of young urban professionals« – Yuppies in Gruppen) einkaufen und Ehemann und -frau finden. Dort gibt es weder Trostlosigkeit noch Anomie. Sogar die Plastiktütenfrauen vor Bloomingdale's haben ihre eigene Kreditkarte.

Die ganze Stoßkraft hinter dem Sanierungsunternehmen Times Square – ein Geschöpf der Stadt und des Staates – hat das Ziel, der 42nd Street eine »Bloomingdale's-Atmosphäre« zu geben. Die Gesellschaft hofft auf einen Schneeballeffekt. Ist erst das ätzende Herz Times Square plattplaniert, dann verlieren die Ruhelosen an Boden, dann kommen Yuppies,

Touristen und die Käufer von außerhalb. William J. Stern, der Vorsitzende der staatlichen Gesellschaft für Stadtentwicklung, hat Folgendes über die Pornohändler vom Times Square gesagt: »Mit dem ersten Schuss zerstreuen wir sie. Wir feuern die erste Kugel ab, die zerstreut sie, und dann treiben wir sie zu Paaren.«

Stern hat sein eigenes Märchen aufgetischt: »Der Vorschlag wird dazu beitragen, die Tage George M. Cohans wiederauferstehen zu lassen, als der Broadway noch der wahre Große Weiße Weg war.« Ein George M. Cohan seiner Träume. Die Landschaft, die er vorschlägt – Mansarddächer, ein Einkaufszentrum und neun »revitalisierte« Theater –, hat absolut nichts mit der alten Mischung am Times Square zu tun. Es wird ein Rockefeller Center ohne Eisbahn.

Für mich ist Sterns Times Square wie das Herz der Finsternis. Ein Universum aus Granitbunkern, gekrönt mit einem Glasdach. Ich bin nicht der einzige »Anarchist«, der der Ordnung dieses Plans misstraut. Philip Johnsons Xanadu hat eine ganze Reihe Leute nicht begeistern können. Thomas Bender, der an der New York University Stadtgeschichte lehrt, glaubt, dass Philip Johnson und der Planer George Klein »vielleicht den einzig denkbaren Plan entworfen haben, der die Gegend um den Times Square und die 42nd Street noch bedrohlicher macht, als sie es schon ist ... Der Klein-Johnson-Plan verwirft jegliche Auffassung ... von Straße als einem bedeutsamen öffentlichen Ort. Stattdessen schlägt er vier massive Gebäude vor, deren schiere Granitmauern die Straße klein machen.«

Auch der Städteplaner William H. Whyte fragt sich, was mit der Straße geschieht, die sich ja nicht von Architekten choreografieren oder einfach mit Leuten vollstopfen lässt. Der Times Square ist eine Straßenlandschaft, die sich über achtzig Jahre hinweg herausgebildet hat. Er hat Strategien und Rückzugsorte, Nester und ganze eigene Reviere entwickelt. Aber er ist noch immer »der Sündenpfuhl der Nation und so schlimm, dass die New Yorker auf eine perverse Weise stolz darauf sind, wie er mit Luden, Huren, Transvestiten, Strichern und so weiter überfließt«.

Und dann wollte es der Zufall, dass ich einen Roman über einen polnischen Gangster anfing, der 1900 Ellis durchlaufen hatte, und ich wollte sehen, was es mit dieser Insel auf sich hatte. Kaufte am Battery Park ein Ticket, ging zusammen mit einer Schar Touristen an Bord einer kleinen Fähre, und wir legten an den verrosteten Docks der alten Einwandererstation an. Die Station sah aus wie ein von Unkraut überwuchertes polnisches Schloss. Die Dächer hatten Spuren, als wären sie den Angriffen eines prähistorischen Vogels ausgesetzt gewesen.

Ein Ranger führte uns durch das Hauptgebäude. Der Ranger wusste Bescheid. Es war eine etwa fünfundzwanzigjährige Frau in Hosen, mit militärischem Koppel und einem Rangerhut. Sie erzählte von den Aufbewahrungsräumen, wo die Einwanderer ihre Habseligkeiten hinbringen mussten, wenn sie auf Ellis eintrafen, der Insel der Tränen. Sie hielt keinen schulmeisterlichen Vortrag. Sie zeigte uns den Speisesaal, wo die Einwanderer 1910 für weniger als einen Dime essen konnten. Risse in den Wänden, aufgeworfene Bodenbretter. Nichts war für uns aufgemöbelt. Kein schicker Anstrich, keine zusätzliche Bank. Die ganze Insel war verdammt heruntergekommen. Die Station war lange schon geschlossen. Die U. S. schienen sie nicht vom Hals zu bekommen. Es hatte geheißen, sie würde in ein Spielkasino umgewandelt. Doch Lyndon Johnson, der Präsident war, als das Gerücht umging, wollte Ellis Island keinem Spielersyndikat überlassen. Das jedenfalls hat uns die Rangerfrau erzählt.

Schritt für Schritt führte sie uns durch den Tag eines Einwanderers. Für mich war das wie die Stationen des Kreuzwegs, Rituale des Leidens alle zwei, drei Meter. Die Einwanderer mussten eine Treppe hinauf, während Ärzte sie musterten und ihnen geheime Zeichen auf die Kleider kreideten, ein kabbalistischer Kode, der festhielt, ob sie Tuberkulose hatten, an Bindehautentzündung litten oder verdächtige Knoten hatten. Ich stellte mir vor, wie ich von fremden Händen betascht und in einer Sprache angebrüllt wurde, die wie das Palaver der ganzen Welt auf einmal geklungen haben muss. Ich war erregt und hatte Angst, ein Voyeur auf den Spuren der Ur-Reise meiner Mutter und meines Vaters nach Amerika.

Wir kamen in die Great Hall, den gewaltigen Registrierraum, wo die Einwanderer abgefertigt wurden und Schildchen bekamen. Es war eine hohe Gruft mit fassrundem Dach. Eine Brücke lief an den Seiten entlang, wo vielleicht Verwandte warteten oder irgendein Oberaufseher auf die Abfertigung herabschaute. Nichts hatte mich auf den tiefen Brunnen dieses Raums vorbereitet, diese Ansammlung von so viel entleertem Raum. Große, von der Decke hängende Kandelaber verliehen dem Raum etwas Trauriges. Aber sie konnten den Schrecken des Ortes nicht verbergen, der wie eine römische Arena war, wo Pferde tänzelten. Pferde und Sklaven.

Niemand konnte sich in einem solchen Raum, so groß wie Amerika, sicher gefühlt haben. Ich hätte mir in die Hosen geschissen. Nicht aus Angst vor der Abfertigungshalle. Sondern vor der Hoffnungslosigkeit eines Raumes, in dem du dich nicht mehr bestimmen konntest. Großväter, schwangere Frauen, Verbrecher, sie müssen gezittert und sich wie Kinder benommen haben.

Siebzehn Millionen Menschen gingen durch diese Station. Mein Vater war nur einer davon. Aber zum ersten Mal verstand ich seine Krankheit. Er hat sich von Ellis Island nie ganz erholt. Gewiss, er war schon vor alldem beschädigt. Keine

Krankheit beginnt in einem Registrierraum. Aber ich könnte schwören, dass diese Insel meinen Vater gelähmt, ihn fürs Leben gezeichnet hat. Ein Einzelfall? Mag sein. Andere sind auch da durch, weiter zu einer brillanten Karriere. Aber ich weiß nicht, ob Ellis Island nicht ein unsichtbares Mal zurückgelassen hat.

Es ist gefährlich, das psychische Dilemma einer Person der Geschichte einer ganzen Stadt anzulasten. Den Big Apple gabs schon über zweihundertfünfzig Jahre, bevor diese Station überhaupt gebaut wurde. Aber dennoch glaube ich, dass das moderne New York direkt aus Ellis Island kommt.

Diese Behauptung mag das Vorurteil eines Einwandererjungen sein, aber sie ist auch der perfekte Aufhänger, um eine Stadt zu begreifen, die so unterschiedlich ist, so dicht, die sich selbst von Minute zu Minute widerspricht, die europäischste aller amerikanischen Städte und die amerikanischste aller Städte der Welt. 1975 dachten die Leute, New York würde, gleich einem zweiten Atlantis, im Ozean verschwinden. Die Stadt musste sich Geld zusammenbetteln, um sich von einem Tag auf den andern zu retten. Sie bekam ihre gewaltigen Lohnkosten nicht mehr zusammen. Unser Bürgermeister, ein einssechzig großer Buchhalter, der aus dem Verwaltungsapparat von Brooklyn kam, wurde kaum mehr für voll genommen. Das waidwunde Nilpferd New York stolperte um den alten Abraham Beame herum. Abe musste Leute feuern. Aber das waidwunde Nilpferd wusste nicht einmal, wie groß die Belegschaft war. Firmen machten sich über den Fluss davon. Ein Investmentbanker, Felix Rohatyn, bildete eine Art Schattenregierung. Er war unser Cromwell, er rettete und reduzierte uns, so wie ein Tierarzt, der ein Nilpferd heilen kann. Rohatyn schmiss New York. Er makelte für jede Gruppe, ließ unsere Gewerkschaften die »Papiere« der Stadt schlucken, Obligationen, die keiner kaufen wollte. Die Stadt musste ihre

Dienstleistungen einschränken. Lehrer, Feuerwehrleute, Polizisten mussten gehen. Spielplätze wurden Schattenreiche. Der Central Park verdreckte und verwilderte. Die Bronx brannte. Kaum irgendwo wurde noch gebaut. Manhattan sah langsam aus wie ein Geisterdorf.

Zehn Jahre später ist New York die anerkannte Hauptstadt der Welt. Das Nilpferd ist aus seinem tiefen Schlaf erwacht. Henry Kissinger lebt jetzt hier. Es gibt den Trump Tower und Philip Johnsons AT & T. Eine ganze Stadt in der Stadt wird am Battery Park gebaut. Man sieht blaue Pyramiden aus Steinhalden wachsen. Manhattan wird zu einem Märchenland der neuen Bauten. Es hat seine eigenen Ramblas auf der Columbus Avenue, wo Mannequins wie echte Menschen aussehen und Kunden in Restaurants und Eisdielen dich an Schaufensterpuppen erinnern. Die Bronx brennt nicht mehr. Im Schutt der Charlotte Street stehen jetzt Bungalows, und der Grand Concourse wird Block für Block erneuert. Brownsville ist immer noch Berlin, aber Bed-Stuy sieht langsam aus wie Greenwich Village.

Ellis war eine Insel, die offenbar keiner wollte. Sie hatte ihre besonderen Gespenster. Die Holländer nannten sie Little Oyster Island, machten aber keine Anstalten, sie zu besiedeln. Die Engländer erwogen, sie als »Pesthaus« für die Opfer des Schwarzen Todes zu nutzen. Aber selbst solche Opfer kamen nicht auf die Insel. Sie wurde schließlich zu einem »Hospital« für Piraten, die auf dem Washington Market gehängt, auf die Insel gerudert und dann an den Galgen gekettet wurden. Diese toten Männer waren fast das ganze achtzehnte Jahrhundert hindurch die hauptsächlichen Bewohner der Insel, bis sie einem gewissen Samuel Ellis in die Hände fiel, der aber nichts damit anzufangen wusste. Im Jahre 1794 ging sie in den Besitz des Staates New York über, der ein Fort für eine Kompanie

Soldaten errichtete. Aber diese Männer desertierten nach und nach. Sie konnten die Einsamkeit auf der Insel nicht ertragen. New York bot sie den Vereinigten Staaten an, und das Schicksal der Insel nahm eine düstere Wendung; während des Krieges von 1812 beherbergte sie britische Gefangene. Bald war sie wieder verlassen, nur gelegentlich wurde noch jemand gehängt. Ellis schien von den Toten nicht loszukommen. Es war ein Geisterfort, auf der hin und wieder Armee und Marine stationiert waren. 1835 errichtete die Marine dort ein Pulvermagazin. Aber das Magazin war auch nicht die große Lösung. 1861 wohnten auf der Insel ganze fünf Menschen.

Lokalpolitiker machten sich langsam Sorgen um das Munitionsdepot. Ein Kongressabgeordneter aus Jersey rechnete aus, dass bei einem Blitzschlag auf der Insel Hoboken, Jersey City und »Teile von New York« verschwinden würden. Aber nichts geschah. Das Depot blieb auf Ellis Island.

1882 verabschiedete der Kongress ein Gesetz, das Geisteskranken, Armen und Häftlingen die Einreise in die Vereinigten Staaten untersagte. Bis dahin bestimmten die einzelnen Staaten selbst über »die Erwünschtheit von Einwanderern«, so Thomas Dunne in seinem Aufsatz über Ellis Island. »Mit Beginn der 1880er … berichteten Artikel in Zeitungen und Zeitschriften von degenerierten Ausländern, die aus europäischen und asiatischen Armenhäusern, Irrenanstalten und Gefängnissen geworfen und an der Küste Amerikas abgeladen würden.«

Der Kongress musste sich zwischen Ellis und Bedloe's Island (der Heimstatt der Freiheitsstatue) als dem Hauptquartier einer ständigen Überprüfungsstation entscheiden, aber die Presse zeichnete ein Bild von Einwanderern, die aus der Station entwichen und die Leute belästigten, die die Statue und den kleinen Park besichtigten. Und so füllte sich im Jahre 1891 die ehemalige Schädelstätte, die Insel der Piraten und

Gespenster, die über zweihundertfünfzig Jahre lang kaum bewohnt war, mit »Hunderten von Arbeitern«, die »an einem großen dreistöckigen zentralen Empfangsgebäude schufteten, an einem Hospital für kranke und in Quarantäne gesteckte Einwanderer, einer Wäscherei, einem Kesselhaus und einem elektrischen Kraftwerk« aus Georgiakiefer.

Ellis Island wurde am allerersten Tag des Jahres 1892 eröffnet. Die Zeitschrift *Harper's Weekly* verglich es mit einem »neuzeitlichen ›Seebadhotel‹«, einem Hotel, das zehntausend Einwanderer an einem Nachmittag abfertigen konnte. Aber *Harper's* »Seebad« brannte 1897 nieder.

Bis Ellis Island wieder aufgebaut war, verfrachtete man die Einwanderer zum Castle Clinton, einem älteren Depot an der Battery. Nach den Plänen des jungen Architekturbüros Boring & Tilton entstand ein künstlerisch gestaltetes und feuersicheres Wohnheim. Es war eine Beaux-Arts-Konstruktion in Anlehnung an den Gare Montparnasse – ein Einwandererhaus als großer Bahnhof mit einer Halle aus Gustavinokacheln. Wieder gab es viel Lob. Die Einwanderer betraten die Vereinigten Staaten durch eine Art säkulare Kirche mit hoher gewölbter Decke und einem fast religiösen Sonnenlicht. Das neue Ellis war ein Kirchenpalast aus Backstein und Kacheln, der »großzügige Gastlichkeit« bereithielt. Denn trotz seiner »Nativisten« war Amerika selber eine Aufnahmestation geworden. Es war ein Land ohne eine vernünftige Bevölkerungsordnung. Es entstand aus Strömen anderer Völker: Holländer, Franzosen, Engländer, Iren …

Um 1900 war New York der Schmelztiegel der Nation. Mochten Einwanderer auch weiter nach Milwaukee oder Kalamazoo ziehen, für die große Mehrheit war der erste Eintrittsort die Station auf Ellis Island. Die Abfertigung dauerte in der Regel vier Stunden. *Vier Stunden,* und ich bin zum Sänger der Trübsal geworden, singe von lebenslangen Wunden.

Schlachtnarben, Schikanierung. Ich suche nicht nach einem sentimentalen Paradigma des Scheiterns, eines blutenden Herzens. Die meisten Einwanderer durchliefen Ellis Island und verließen es, um dann ihre Persönlichkeit zu entwickeln. Ihr Schicksal hing nicht von Ellis Island ab, außer sie waren krank oder »Unruhestifter«, die auf dem »Anarchistenschiff« nach Europa zurückgeschickt wurden. Und es gab dreitausend Selbstmorde auf Ellis Island, manchmal mehr als sechs im Monat. Die meisten davon waren nicht das Ergebnis jenes schlichten Ganges die Treppe hinauf in den Erfassungsraum. Die Männer, Frauen und Kinder, die Selbstmord begingen, waren Häftlinge, jene, die auf der Insel behalten und nicht »hinein« gelassen wurden. Aber ich rede von dem Einsatz, den jeder Einwanderer gebracht haben muss, Väter, Mütter, ledige Frauen und Männer, die in die Neue Welt drängten; von dem halluzinatorischen Bild, an das sie sich während ihrer Tage auf dem Zwischendeck klammerten, *Land des Goldes, Land des Goldes,* und von der Restangst, dass Amerika sie nicht aufnehmen würde, gleich, wie gesund oder unpolitisch sie seien. Die Angst muss geringer geworden sein: Nur zwei Prozent schafften es nicht, die TB-Kranken und die Anarchisten, die Kleinwüchsigen und die bekannten Mörder.

Und die anderen? Siebzehn Millionen Seelen. Ich verwette sofort mein Leben, dass die meisten von ihnen Ellis Island nicht abgeschüttelt haben, dass sie in einem Winkel ihrer Psyche immer noch »gerade dem Zwischendeck entronnen« waren. Ellis war noch immer eine Gespensterinsel. Das Gerede, das sie gehört hatten, hinterließ tiefe Spuren. Das hielt sie aber nicht davon ab, Farmer in Wisconsin oder zur Lower East Side hingezogen zu werden, einem unendlichen Getto, das Greenhorns schlucken konnte, die nach einem Stück Europa auf der Grand Street suchten, besonders, wenn diese Greenhorns Italiener und Juden waren. Als Bauern, die sie meistens waren, fühlten sie sich von allen Zaren und Königen betrogen, die sie beherrschten. Für Regierungen hatten sie nichts übrig. Die Sizilianer, die dorthin kamen, wurden von den übrigen Italienern als Wilde betrachtet, als »schwarze Italiener«. Und die russischen und polnischen Juden mit ihren Bärten und Perücken und komischen Hüten waren Lichtjahre entfernt von den deutschen Juden im Norden, die lange vor Ellis angekommen waren und sich als Makler und Kaufhausmagnaten etabliert hatten und in Tempeln beteten, die sich kaum von einer protestantischen Kirche unterschieden.

Die Juden im Zentrum klammerten sich an ihre Gettos, verkauften Äpfel wie mein Großvater oder wurden viel ehrgeiziger. Einige wurden zu Großkapitalisten wie die Tempelgänger aus dem Norden. Aber sie besaßen den unverwechselbaren Gestank der Straße. Und eine Traurigkeit. Es war nicht einfach ein Konflikt zwischen Alter und Neuer Welt, ein Vertauschen des Gebetriemens mit Schlips und Kragen. Es war die schiere Explosion ihres Lebens, eine immer neue Wiederauflage der alten Einwanderergeschichten, wie wenn man sein Abbild im Fenster sieht, ein Abbild mit dunklen Linien im Gesicht. Die Juden waren vor Zar Nikolaus und seiner Politik der dreißigjährigen Einberufung geflohen, einer Politik, die einen von der Wiege bis zur Bahre zum Soldaten machte. In der Grand Street gab es keine Pogrome. Aber es war nutzlos, sich als Teil einer schwarzröckigen Kolonie zu begreifen. Das hier war New York, eine Stadt, die soeben vier andere Gemeinden geschluckt, Coney Island und Forest Hills aufgesogen hatte.

Im Jahr 1880, zwanzig Jahre vor der Backsteinkirche auf Ellis Island, gab es weniger als hunderttausend Juden in New York, es war ein ruhiges Volk, das keine Verbrecher hervorbrachte. Kaum ein Mord war von einem Juden in den Vereinigten Staaten begangen worden, von der Zeit der Holländer an, die englische Herrschaft und hundert Jahre Unabhängigkeit hindurch. Es gab sogar einen patriotischen Bankier, Haym Salomon, ein Polenflüchtling, der den Unabhängigkeitskrieg mitfinanzierte. Gerade ich muss das wissen. Haym Salomon spukte immer wieder in meiner Kindheit herum. Er war in einem Film mit Claude Rains in der Hauptrolle in meine Oberschule gekommen. Er war ein frommer Mann, der mit Gebetsschal sang und heimlich für die Söhne der Freiheit arbeitete. Aber Claude Rains war auch das Phantom der Oper, ein Teufel mit einem säurezerfressenen Gesicht, der in dem Gebälk über La Boème hauste und Leute von der Oper umbrachte. Das ist das Schicksal von Filmen. Schauspieler bleiben nie bei einer Rolle. Haym Salomon war das Phantom der Oper und Claude Rains. Dieses Phantom terrorisierte mich. Ich konnte nicht in Frieden auf die Toilette gehen. Und in meinem unreifen Gehirn hatte ein böser Mann mit einem schwarzen Hut die Revolution gerettet und den Vereinigten Staaten auf die Beine geholfen.

Doch Haym Salomon starb lange vor der Masseneinwanderung der Juden. Um 1900 gab es sechshunderttausend von uns in New York, alle in die Lower East Side gepfercht, die zu einem jüdischen Kalkutta geworden war. Die etwas Wohlhabenderen und die Wanderlustigen waren schon hinauf nach Harlem gezogen oder hatten Kolonien in dem neuen Stadtteil Brooklyn gegründet. 1910 hatte sich die jüdische Bevölkerung auf 1,2 Millionen verdoppelt, und Brownsville war eine zweite Lower East Side. Es gab nun auch einen beträchtlichen Anteil an jüdischen Huren und Dieben. Irving Howe wischt sie in *World of Our Fathers* als eine Art wachsenden Schmerz vom Tisch, als simples Durcheinander der Enteigneten: »… Verbrechen war eine Randerscheinung«, schreibt er, »eine Krankheit, die den Prozess der kollektiven Behauptung und Anpassung entstellte.«

Ich garantiere Irving Howe, dass die Behauptung in der

Bronx nicht sehr kollektiv war. Und das war vierzig Jahre nach 1910. In den tieferen Schichten von Morrisania, am Rand der Charlotte Street, gediehen jüdische Banden ebenso wie ihre italienischen Kollegen lange vor den großen Zerstörungen der Siebzigerjahre, als selbst die Ratten sich zu Banden organisierten, weil die ausgebrannten Häuser sie zusammen mit den wilden Hunden auf den Schutt geworfen hatten.

Aber 1950 gab es noch keine wilden Hunde. Menschen konnten sich noch immer in den Crotona Park wagen, sich an den Indian Lake setzen, der damals noch kein faulender Sumpf war. Wir aber waren die ärmsten Juden der Schöpfung. Der Fortschritt war an uns vorbeigegangen. Unsere Väter waren nicht aufs City College gegangen, dem Harvard von Harlem Heights, das zu neunzig Prozent jüdisch gewesen sein soll. Absolventen vom City College kamen nicht nach Morrisania. Wir waren das zerlumpte Lumpenproletariat, Juden, die man vergessen hatte.

Wir waren noch immer mit einem Fuß auf Ellis Island, wenngleich ich das als Junge nicht wissen konnte. Wir waren die Kehrseite jener jüdischen Erfolgsstory – der Sprung von Ellis Island zum Studium der Zahnmedizin in einer lausigen Generation. Es gab genügend jüdische Zahnärzte, um die Poloplätze damit zu füllen. Aber was bedeutete das für uns? Mein Vater hatte nie ein Scheckkonto. Ich wusste, was ein Scheck war. Ich hatte Theodore Dreiser gelesen. Aber ich hatte ein Sparbuch wie mein Vater. Erst meine Frau führte mich in die Magie des Scheckausschreibens ein.

Ich war ein Greenhorn, ohne es zu wissen. Morrisania war ein großer Erfassungsraum. Mein Bruder Harvey war auch ein Greenhorn. Hat fünfzig Jahre gebraucht, bis er sich in einem Flugzeug wohlgefühlt hat. Als Kind war er ein ungeheurer Boxer. Ohne meinen Bruder Harvey hätten die Iren den ganzen Crotona Park übernommen. Er ist Mordkommissar, und ich schwöre, dass er kein Scheckkonto hat. Sage mir einer was vom »Blitzsprung« der Juden. Harveys Sohn ist Bulle, genau wie er. Und wenn ich einen Sohn hätte, dann wäre er Apfelhändler.

Und mein Vater? Er ist immer noch von Ellis Island benommen. Ein Gespenst ohne Galgen. Er hat dieses Land wie einen komplizierten Traum ertragen. Ohne meinen Forschungstrip auf diese Insel hätte ich seine Sprachlosigkeit in Amerika nicht begriffen. Ellis war seine Lehrerin. Ellis lehrte ihn sprechen. Es war ein Wolfsruf, ein Heulen, das als Englisch durchging. Ich hatte mir beigebracht, die Linien in seinem Gesicht zu erfassen, nicht die Wörter, sondern die kleinen Mangelfältchen. Mein Vater war verdammt noch mal kein Kryptogramm. Hätte ich seine Augenentzündung gehabt und wäre bei einer Tante in Warschau zurückgelassen worden, ich hätte unter dem Gustavinogewölbe gestanden und ein Lied geheult, das sich an keinen Kontinent gehalten, sondern mich endgültig stillgelegt, die ganze Maschine abgeschaltet hätte. Es blieb sich gleich. Ich habe die Sprachlosigkeit meines Vaters geerbt: Der Akt des Schreibens ist nur die Rache eines Stummen an einer geschwätzigen Welt.

Wohnen im Central Park

Paul Auster

In meinem Zimmer zu sitzen und darauf zu warten, dass der Himmel über mir einstürzen würde, war eine Sache gewesen; eine ganz andere aber war es, ins Freie gestoßen zu sein. Zehn Minuten nach Verlassen des Kinos begriff ich endlich, was mir bevorstand. Die Nacht kam immer näher, und ich würde binnen weniger Stunden einen Platz zum Schlafen finden müssen. Heute kommt mir das bemerkenswert vor, aber damals hatte ich bis zu diesem Zeitpunkt noch keinen ernstlichen Gedanken an dieses Problem verschwendet. Ich hatte angenommen, dass sich das irgendwie von selbst regeln würde, dass es reichte, sich auf das blinde, dumme Glück zu verlassen. Als ich dann jedoch meine Aussichten genauer betrachtete, merkte ich, wie düster sie in Wirklichkeit waren. Ich würde mich nicht wie ein Penner auf den Bürgersteig legen, sagte ich mir, und dort die ganze Nacht in Zeitungen gehüllt verbringen. Da wäre ich ja jedem Irren in der Stadt ausgeliefert; eine Einladung an irgendwen, mir die Kehle aufzuschlitzen. Und selbst wenn mir ein Überfall erspart bliebe, würde ich bestimmt wegen Stadtstreicherei festgenommen. Andererseits – wo sollte ich denn hin? Die Vorstellung, die Nacht in einer billigen Absteige zu verbringen, stieß mich ab. Undenkbar, mit hundert Pennern in einem Raum zu liegen, ihre Gerüche einzuatmen und das Grunzen alter Männer anhören zu müssen, die es miteinander trieben. Ein solcher Ort war nichts für mich, nicht einmal, wenn ich umsonst hineinkäme. Dann gab es natürlich die U-Bahnen, aber ich wusste im Voraus, dass ich da unten kein Auge zumachen könnte – bei all dem Geschlinger, Lärm und Neonlicht, bei der Vorstellung, dass jederzeit irgendein Bahnbulle vorbeikommen und mir mit seinem Schlagstock auf die Fußsohlen hauen könnte. So irrte ich ängstlich einige Stunden umher und versuchte einen Entschluss zu fassen. Wenn ich mich am Ende für den Central Park entschied, dann nur deshalb, weil ich zu erschöpft war, als dass mir noch etwas Besseres hätte einfallen können. Gegen elf Uhr fand ich mich auf der Fifth Avenue, und ich ließ meine Hand geistesabwesend über die Mauer streifen, die den Park von der Straße trennt. Ich blickte über die Mauer, sah den riesigen entvölkerten Park und stellte fest, dass sich mir um diese Zeit wohl kaum etwas Besseres bieten würde. Schlimm genug, aber immerhin wäre der Boden weich, und mir gefiel der Gedanke, mich dort ins Gras zu legen, mein Bett an einem Ort aufzuschlagen, wo niemand mich sehen konnte. Nahe beim Metropolitan Museum betrat ich den Park, schleppte mich ein paar Minuten hinein und kroch dann unter einen Busch. Ich hatte keine Lust mehr, mich sonderlich sorgfältig umzusehen. Die Horrorgeschichten über den Central Park waren mir hinlänglich bekannt, aber in diesem Augenblick war meine Erschöpfung größer als meine Angst. Sollte der Busch mir doch keine Deckung bieten, dachte ich, hatte ich immer noch mein Messer, um mich zu verteidigen. Ich rollte meine Lederjacke zu einem Kopfkissen zusammen und wälzte mich dann eine Weile hin und her, um es mir bequem zu machen. Sobald ich aufhörte, mich zu bewegen, hörte ich irgendwo im Gebüsch neben mir eine Grille zirpen. Gleich darauf ließ eine leichte Brise die Zweige und dünnen Äste um meinen Kopf rascheln. Zu denken hatte ich nichts mehr. Der Mond stand in dieser Nacht nicht am Himmel, auch kein einziger Stern. Bevor mir einfiel, das Messer aus der Tasche zu holen, war ich fest eingeschlafen.

Beim Aufwachen fühlte ich mich, als hätte ich in einem Güterwagen geschlafen. Es dämmerte bereits, und mein ganzer Körper schmerzte, meine Muskeln waren völlig verspannt. Ich befreite mich vorsichtig aus dem Busch, fluchte und stöhnte bei jeder Bewegung, um mir dann erst einmal ein Bild von meiner Umgebung zu machen. Ich hatte die Nacht am Rand eines Softball-Feldes verbracht, im Gesträuch hinter dem Schlagmal. Das Feld lag in einer flachen Bodensenke, und zu dieser frühen Stunde hing ein dünner grauer Nebel über dem Gras. Kein Mensch war in Sicht. Ein paar Spatzen sausten zwitschernd in der Nähe des zweiten Mals herum, in den Bäumen über mir krächzte ein Blauhäher. Ich war in New York, aber es hatte nichts mit dem New York zu tun, das ich gekannt hatte. Dieser Ort weckte keine Assoziationen, er hätte überall sein können. Während ich darüber nachdachte, wurde mir plötzlich klar, dass ich die erste Nacht überstanden hatte. Ich behaupte nicht, dass ich diese Leistung bejubelt hätte – dafür schmerzte mein Körper zu sehr –, aber ich wusste nun, dass ich ein wichtiges Stück Arbeit hinter mich gebracht hatte. Ich hatte die erste Nacht überstanden, und wenn ich es einmal geschafft hatte, würde es mir auch noch öfter gelingen.

Danach schlief ich jede Nacht im Park. Er wurde mein Asyl, eine vertraute Zuflucht vor den zermürbenden Anforderungen der Straße. Über drei Quadratkilometer, in denen ich umherstreifen konnte, und im Gegensatz zu dem massiven Geflecht von Häusern und Wolkenkratzern, das außerhalb der Parkgrenze lauerte, bot mir der Park die Möglichkeit, allein zu sein, mich vom Rest der Welt fernzuhalten. Die Straßen sind voller Leute und Lärm, und ob es einem passt oder nicht, man muss sich, will man dort leben, einem strengen Verhaltenskodex unterwerfen. Wer in der Menge geht, darf nicht schneller gehen als die anderen, darf nicht hinter seinen Nächsten zurückbleiben, darf überhaupt nichts tun, was den menschlichen Verkehrsfluss stören könnte. Wer sich an diese Spielregeln hält, wird von den Leuten kaum wahrgenommen. Wenn die New Yorker durch die Straßen gehen, legt sich ein eigenartiger Schleier über ihre Augen, eine natürliche und vielleicht auch notwendige Form der Gleichgültigkeit den anderen gegenüber. Zum Beispiel ist es ganz gleich, wie man aussieht. Ausgefallene Kostüme, bizarre Frisuren, T-Shirts mit obszönen Aufdrucken – auf so was achtet kein Mensch. Andererseits ist es von äußerster Wichtigkeit, wie man sich in seinen Kleidern verhält. Irgendwelche seltsamen Gebärden werden automatisch als bedrohlich empfunden. Laut mit sich selber reden, sich kratzen, jemandem direkt in die Augen sehen: solche Abweichungen von der Norm können bei den Mitmenschen feindliche und manchmal gewalttätige Reaktionen auslösen. Man darf weder torkeln noch ohnmächtig werden, man darf sich nicht an den Mauern festhalten, man darf nicht singen, da jegliches spontane oder eigenwillige Verhalten sofort die Blicke auf sich zieht und man sich damit bissige Bemerkungen oder gelegentlich auch einen Stoß oder einen Tritt ans Schienbein einhandelt. Ich war nicht so schlimm dran, dass mir irgendetwas Derartiges passierte, aber bei anderen habe ich es gesehen, und mir war klar, dass ich mich eines Tages vielleicht auch nicht mehr unter Kontrolle haben würde. Im Gegensatz dazu konnte man sich im Central Park wesentlich mehr gehen lassen. Niemand dachte sich etwas dabei, wenn man sich im Gras ausstreckte und mitten am Tag ein Schläfchen hielt. Niemand sah hin, wenn man unter einem Baum saß und einfach gar nichts tat, wenn man Klarinette spielte, wenn man aus vollem Hals herumschrie. Bis auf die Büroangestellten, die um die Mittagszeit in den äußeren Bezirken des Parks herumschlichen, verhielt sich die Mehrheit der Leute dort wie im Urlaub. Dieselben Dinge, die auf der Straße beunruhigt hätten, wurden hier als ungezwungener Zeitvertreib genehmigt. Die Leute lächelten einander zu, gingen Hand in Hand, nahmen ungewöhnliche Haltungen ein, küssten sich. Leben und leben lassen, und solange man sich nicht in anderer Leute Angelegenheiten einmischte, konnte man tun, was einem gerade einfiel.

Der Park hat mir zweifellos sehr gut getan. Hier konnte ich mich zurückziehen, und mehr noch, hier konnte ich so tun, als ginge es mir gar nicht so schlecht, wie es in Wirklichkeit der Fall war. Das Gras und die Bäume dachten demokratisch, und wenn ich spätnachmittags in der Sonne faulenzte oder am frühen Abend zwischen den Felsen herumkletterte, um mir einen Platz zum Schlafen zu suchen, hatte ich das Gefühl, mit meiner Umgebung so zu verschmelzen, dass ich auch für ein geübtes Auge als einer der Picknickmacher oder Spaziergänger um mich her erscheinen mochte. Die Straße ließ solche Täuschungen nicht zu. Wann immer ich in der Menge ging, wurde ich mir nur allzu bald meiner Schande bewusst. Ich fühlte mich wie ein Vagabund, ein Versager, ein Fleck, eine Pocke auf der Haut der Menschheit. Mit jedem Tag wurde ich ein bisschen schmutziger, ein bisschen zerlumpter und verwirrter, ein bisschen andersartiger als die anderen. Im Park hatte ich mich mit dieser Befangenheit nicht zu plagen. Hier gab es eine Schwelle, eine Grenze, etwas, womit Innen und Außen zu unterscheiden waren. Während die Straße mich zwang, mich mit den Augen der anderen zu sehen, gab der Park mir Gelegenheit, in meine Innenwelt zurückzukehren, mich ganz an das zu halten, was sich in meinem Innern abspielte. Es ist möglich, stellte ich fest, ohne ein Dach über dem Kopf zu überleben, aber ohne ein Gleichgewicht zwischen Innen und Außen kann man nicht leben. Der Park verhalf mir zu diesem Gleichgewicht. Er war vielleicht nicht gerade eine Heimat, aber mangels irgendeiner anderen Unterkunft doch etwas sehr Ähnliches.

In der Pyramide aus Stahl und Glas

Thomas Wolfe

Neun Stockwerke unter ihm lag die siebenundvierzigste Straße, eine Schlucht im kühlen Morgenschatten, bläulich und leer, sauber und bereit für den Tag. Ein Lastwagen ratterte schwer und gewichtig vorüber. Ein Mülleimer wurde klappernd und scheppernd über den Gehweg gezogen. Ein Mann eilte mit knappen, stelzenden Schritten die Straße entlang, bog in die Madison Avenue ein und verschwand in südlicher Richtung, zu seiner Arbeit, eine kleine Gestalt in verkürzter Perspektive, umkleidet von einem klar umrissenen Kegel in eintönigem Grau. Tief unter Jack lag die Straße, eine schmale bläuliche Schneise zwischen senkrechten Klippen massiven Mauerwerks, doch unmittelbar vor ihm, an der westlichen Fassade dieser unglaublichen Schlucht aus Stahl und Stein, deren prachtvoller Name Vanderbilt Avenue war, schnitt das morgendliche Sonnenlicht – so fest, lebendig, golden, jung, und dabei ungeheuer kraftvoll und zart – mit sauberer bildhauerischer Schärfe in blaue Schattenwände hinein. Das Licht lag lebendig mit einem festen, rosagoldenen und gleichsam unirdischen Morgenleuchten auf den steil aufragenden oberen Etagen und den Spitzen immenser, blasser Konstrukte, die von den solide ummantelten Grundmauern und dem glitzernden Messing, selbst noch tief versunken im steilen, blauen Morgenschatten dieser unglaublichen Schlucht, atemberaubend emporwuchsen. Scharf konturiert und mit gleichsam unirdischer rosagoldener Klarheit durchschnitt das Licht in schrägem Einfall Furcht einflößende senkrechte Glasflächen und silbrig polierten Stahl und Steilwände aus gleißendem gelbweißem Stein, vom jungen Licht verzehrt. Es lag rein und zart, ohne Heftigkeit oder Hitze, auf emporstrebenden Mauerklippen und riesigen, spitz zulaufenden Pyramiden aus Stahl und Stein, deren Zinnen von hellen verwehenden Rauchschwaden umhüllt waren. Es war eine Architektur so grausam, unmenschlich und monströs, von assyrischem Stolz und Hochmut, in schwindelerregenden Spitzen auslaufend und wie ein Keil, wie eine Wand, wie mit einem Messer in überwältigenden Höhen und Tiefen aus einer vorgefertigten, unglaublichen Skulptur aus Licht und Schatten herausgeschnitten. Das Morgenlicht lag mit flächigem, rötlichem Schein auf Zehntausenden identischer Glasflächen; es lag kompakt auf den oberen Etagen großer Hotels und Klubs und gewaltiger Bürohäuser bar jeden Lebens. Jack blickte stillvergnügt in die großen Büros, die bereitstanden für den Tag: Das kompakte Morgenlicht formte klar umrissene Muster aus blass getönten Schreibtischen und Drehstühlen aus Ahornholz, es überzog dünne Holztrennwände und dicke Glastüren mit einem Leuchten. Die Büros waren still, unbelebt, von sauberer Sterilität im jungen Morgenlicht, leer und versunken in einer gewissermaßen einsamen Erwartung des Lebens, das schon bald in ihre Leere fluten, sie füllen und in Beschlag nehmen würde.

Die stolze, glitzernde, vertikale Arroganz der Stadt, so vortrefflich geformt wie eine triumphierende, jubilierende Komposition aus Licht und Schatten, war noch durchdrungen von ebenjener ahnungsvollen Einsamkeit des Lebens. Aus den Tiefen der noch unbefahrenen Straßen ragten die Gebäude im ersten Licht rank und unfassbar empor, in geradezu unmenschlicher Verlassenheit, als wäre alles Leben aus der Riesenstadt verbannt worden oder erloschen und als zeugten allein diese Relikte, unmenschlich und makellos, von einem Leben, das in seiner monströsen Arroganz einst fabelhaft und legendär gewesen war. Die immensen vertikalen Formen der großartigen Gebäude strebten makellos in einen makellosen Himmel: Ihre spitzen Türme, die sich zu glitzernden Nadeln von kaltem Silberlicht verjüngten, durchstachen scharf die kristalline Atmosphäre eines blauen, muschelzarten Himmels. Der Morgen, der hell schimmernde Morgen, flammte unfassbar auf ihren glänzenden Spitzen: Die klar emporstrebenden Formen waren in einen schimmernden Äther gebaut, der sie mit einer strahlenden Korona aus Licht umgab, in sich so rein wie Geformtes, nur weniger materiell als die Spitzen, die ihn ihrerseits formten.

Die Querstraße unmittelbar unter ihm war jetzt leer, doch schon waren in der kurzen, steilen Schlucht, die sich gerade und abrupt zwischen den blanken Fassaden hinzog, an den Einmündungen der Querstraßen außerhalb seines Sichtfelds die ersten Lastwagen zu hören, ein grimmiges, gleichförmiges Dröhnen von Maschinen auf dem Weg zur Arbeit. Und auf der Längsachse dieser furiosen Schlucht rasten die glitzernden gelben Taxis vorbei wie Projektile, bienengelbe Geschosse, bogen ab, verschwanden und schossen aus der geschwungenen Taxispur der Grand Central Station wieder hervor.

Und überall, durch das leuchtende, lebendige Licht hindurch und über dem unablässigen Donnern der Motoren, spürte Jack das gewaltige vibrierende Beben, das langsam anschwellende Tosen des furiosen Tages. Er stand an seinem Fenster, ein menschliches Staubkorn inmitten des schimmernden Äthers auf einem Sims aus festem Mauerwerk, er, das Wunderwerk Gottes, ein stolzes, stämmiges Atom triumphierenden menschlichen Fleisches, fest verankert auf einem Fels aus Luxus und Stille im dichtesten, zentralsten Geflecht des Menschengewimmels, der Prinz der Atome, der, umgeben von Chaos, diesen Luxus von Raum und Stille und Licht und eisenumgürteter Sicherheit für ein kaiserliches Lösegeld dem Chaos abgehandelt hatte und angesichts des entrichteten Preises frohlockte; ein kompaktes winziges Stück Zellgewebe von hellem Blut und fühlbar warmem Pulsieren, das zu den im jungen Licht lodernden, himmelwärts weisenden Türmen hinaufblickte und keinerlei Grausen verspürte, ein lebendiges Staubkorn, das die Formungen und Bewegungen aus Millionen von Zufällen sah, wie sie tagtäglich vor dem kleinen Sichtfenster seines Auges vorüberzogen, und das weder Zweifel noch Furcht noch Mangel an Selbstvertrauen kannte.

Im Gegenteil, wären diese erschreckenden Formen die Monumente seines eigenen Triumphs gewesen – sein Gefühl von Selbstvertrauen und Besitzerstolz hätte kaum größer sein können.

Meine Stadt. Meine.

All das erfüllte sein Herz mit Gewissheit und Freude, denn er hatte, wie viele andere Männer auch, gelernt zu sehen, zu staunen, zu akzeptieren und nicht zu deuten, und in diesem unverschämten Bombast aus Stahl und Stein sah er eine Dauerhaftigkeit, die alle Gefahren bestand, eine Antwort – erdrückend und abschließend in ihrem Schweigen – auf jeglichen Zweifel.

Er ließ seinen Blick resolut, stolz, mit einem hellwachen Lebensfunken über die abgründige blaue Schlucht der Avenue bis ans Ende schweifen, wo er auf ein Hindernis stieß und unnachgiebig, furchterregend nach oben gezwungen wurde, an der grandiosen Vertikale des Lincoln Building entlang, das sich als eine plane Fassadenfront von schierer, schwindelerregender Höhe auftürmte, einer unfassbaren, unermesslichen, von tiefen blauen Schatten zerschnittenen Höhe.

Die festen Finger auf seine langsam anschwellende Brust gepresst, sog er bedächtig die frische lebendige Morgenluft ein, die mit dem beißenden, erregenden Gärungsgeruch der Stadt befrachtet war, einem feinen Gemisch aus verschiedenerlei Materie, unfassbar und unvergesslich, Wonne und Bedrohung in einem. Es lag ein Geruch von Erde in der Luft, der etwas Feuchtes, Blumiges hatte, mit einem Hauch von kühlem, morastigem Gezeitenwasser, einem schwachen, kühlen Geruch nach Fluss, schal, leicht brackig, dabei von wilder Ausgelassenheit und voller Reminiszenzen an Schiffe. Auch war die schimmernde, weihrauchgeschwängerte Luft unmerklich gewürzt mit dem bitteren, aromatischen Reiz starken, frisch gebrühten Kaffees, und darin lag die stolze, anregende Drohung von Kampf und Gefahr sowie eine quicklebendige, berauschende Verheißung von Macht, Reichtum und Liebe. Jack sog den lebensspendenden Äther bedächtig und tief ein, trunken von der Wonne, der Vorahnung noch unbekannter Bedrohung und Beglückung, die sie ihm jedes Mal bescherte. Ein Beben, schwach und augenblicklich wieder vorüber, ging durch die Erde unter ihm. Er hielt inne, runzelte die Stirn, wartete, bis es vorbei war. Er lächelte.

Mächtige Züge fahren unter mir durch. Morgen, heller Morgen, und die Träume von einst: ein Junge, ein Bahnhof, sodann die Stadt, am Morgen, am lebendigen Morgen. Und jetzt – ja, auch jetzt! – kommen sie, fahren unter mir ungestüm vor Freude, außer sich vor Erwartung, trunken vor Siegesgewissheit. Wofür? Wofür? Für Ruhm, riesige Profite und ein Mädchen!

Oh! Du schöne, schöne Zauberstadt!

Macht. Macht. Macht.

Mohawks in schwindelnder Höhe

Joseph Mitchell

Die Mohawks aus dem Caughnawaga-Reservat am Sankt-Lorenz-Strom in Quebec sind die wohl ungebundensten Indianer Nordamerikas. Sie sind gemischter Abstammung und werden meist Caughnawagas genannt; früher hießen sie auch christliche oder betende Indianer. Die Caughnawagas zählen etwa dreitausend Mitglieder, von denen mindestens sechshundertfünfzig mehr Zeit in Städten der Vereinigten Staaten verbringen als in ihrem Reservat. Manche von ihnen schweifen umher wie Zigeuner. Es ist nicht unüblich, dass eine Familie ihr Haus absperrt, den Schlüssel bei einem Nachbarn hinterlegt, ins Auto steigt und dann mehrere Jahre weg ist. Caughnawaga-Gemeinden gibt es in Brooklyn, Buffalo und Detroit. Die größte ist jene in Brooklyn, die in den späten Zwanzigerjahren in dem Viertel North Gowanus entstand. Zu dieser Gemeinde zählen etwa vierhundert Männer, Frauen und Kinder, die Tendenz ist steigend, und sie scheint Bestand zu haben.

1886 änderte sich das Leben in Caughnawaga schlagartig. Im Frühling jenes Jahres begann die Dominion Bridge Company (D.B.C.) im Auftrag der Canadian Pacific Railroad mit dem Bau einer Auslegerbrücke über den Sankt-Lorenz-Strom, die vom frankokanadischen Dorf Lachine am Nordufer bis an den Dorfrand von Caughnawaga am Südufer führte. Die D.B.C. ist das größte Stahl- und Eisenbauunternehmen Kanadas und kommt an Bedeutung der Bethlehem Steel Corporation in den Vereinigten Staaten gleich. Für die Genehmigung, das Brückenwiderlager auf dem Gebiet des Reservats bauen zu dürfen, versprachen Canadian Pacific Railroad und D.B.C., dass sie wann immer möglich Caughnawagas an den Arbeiten beteiligen würden.

»Aus unseren Unterlagen zu diesem Bau geht hervor, dass wir die Indianer als Tagelöhner zum Entladen des Baumaterials einsetzen wollten«, schrieb ein Vertreter der D.B.C. kürzlich in einem Brief. »Damit waren sie jedoch nicht zufrieden und kamen bei jeder sich bietenden Gelegenheit an die im Bau befindliche Brücke. Es war unmöglich, sie davon abzuhalten. Mit Fortschreiten der Arbeiten wurde immer deutlicher, dass die Indianer seltsamerweise keine Höhenangst kannten. Wenn man auch nur einen Moment lang nicht aufpasste, kletterten sie die Stützkonstruktion hinauf und turnten da so selbstverständlich herum wie unsere erfahrensten Stahlbauer, und die sind in der Mehrzahl ehemalige Matrosen von Segelschiffen und das Arbeiten in großen Höhen gewohnt. Diese Indianer kletterten wie die Gämsen. Sie liefen über die schmalsten Stahlträger hoch über dem Fluss, der an dieser Stelle wirklich reißend ist und von oben alles andere als einladend aussieht. Aber für sie schien das nicht viel anders zu sein als ein Spaziergang auf dem Boden. Auch der Lärm beim Nieten schien ihnen nichts auszumachen, dabei zerrt der einem ganz schön an den Nerven und verursacht bei Neulingen oft Schwindel und Übelkeit. Sie waren sogar richtig begierig darauf und lagen unseren Vorarbeitern ständig in den Ohren mit der Bitte, es ausprobieren zu dürfen. Das Nieten ist übrigens die gefährlichste und bestbezahlte Arbeit beim Stahlbau.

Nur selten bewirbt sich jemand dafür, und noch seltener sind Leute, die es gut beherrschen, sodass wir in Jahren, in denen es der Baubranche gut geht, gar nicht genug von ihnen haben. Daher dachten wir, es wäre für alle Beteiligten von Vorteil, wenn die Indianer es mal versuchten, und wir wählten ein paar aus und lernten sie an; es stellte sich heraus, dass sie mit den Nietwerkzeugen im Nu so geschickt umgingen, als hätten sie nie was anderes gemacht. Mit anderen Worten, sie waren wie für den Brückenbau geboren. Wir haben keine Aufzeichnungen darüber, wie viele wir beim Bau dieser Brücke ausgebildet haben. Aber im Unternehmen bilden wir für gewöhnlich zwölf aus, so viele wie man für drei Niettrupps benötigt.«

1915 oder 1916 kam mit John Diabo ein Brückenbauer der Caughnawaga auch nach New York City und wurde für den Bau der Hell Gate Bridge eingestellt. Er war dort etwas Besonderes und erhielt den Spitznamen Indian Joe; zwei alte Vorarbeiter können sich noch an ihn erinnern. Nachdem er einige Monate in einem irischen Niettrupp gearbeitet hatte, stießen noch drei Caughnawagas hinzu und bildeten mit ihm einen eigenen Trupp. Sie hatten nur wenige Wochen zusammengearbeitet, als Diabo neben das Gerüst trat, in den Fluss stürzte und ertrank. Er war eigentlich sehr geschickt, und sein Fehltritt war sonderbar; vor nicht allzu langer Zeit meinte ein Caughnawaga bei einem Erklärungsversuch: »Es muss wohl in einem Augenblick passiert sein, an dem sein Geist nicht bei ihm war.« Die anderen Caughnawagas brachten seinen Leichnam in das Reservat und kehrten nicht zurück. Soweit sich die älteren Männer des Stammes erinnern, hat bis in die Zwanzigerjahre kein Caughnawaga wieder in New York gearbeitet. Vom Bauboom angelockt, kamen 1926 jedoch drei oder vier Caughnawaga-Trupps in die Stadt. Die Alten berichten, dass sie am Bau des Fred F. French Building, des Graybar Building und des One Fifth Avenue mitwirkten. 1928 zogen drei zusätzliche Trupps in die Stadt, die zunächst an der George Washington Bridge mitarbeiteten. Als die größte Stahlkonstruktion der Dreißigerjahre, das Rockefeller Center, errichtet wurde, kamen wenigstens sieben weitere Caughnawaga-Trupps nach New York. Bei ihrer Ankunft meldeten sich diese Männer alle beim Brooklyner Ortsverband der International Association of Bridge, Structural, and Ornamental Iron Workers, der mit der American Federation of Labor verbundenen Gewerkschaft für Stahlbau. Warum sie nach Brooklyn gingen und nicht nach Manhattan, scheint keiner mehr zu wissen. Die Gewerkschaftszentrale des Ortsverbands Brooklyn liegt an der Atlantic Avenue zwischen Times Plaza und Third Avenue, und die Caughnawagas suchten sich Zimmer in einem Wohnheim oder einer der billigen Pensionen in North Gowanus, einem Viertel, das sich über mehrere Blocks südlich des Gewerkschaftshauses an der Atlantic Avenue erstreckt. In den frühen Dreißigerjahren begannen sie, ihre Familien nachzuholen und in Wohnblocks in der Gegend zu ziehen. Auch während des Krieges kamen Caughnawagas hierher. Obwohl sich alle in North Gowanus niederließen, meldeten sie sich überwiegend im Ortsverband Manhattan.

Gegenwärtig sind dreiundachtzig Caughnawagas im Ortsverband Brooklyn gemeldet, zweiundvierzig in dem Manhattans. Nicht einmal ein Drittel von ihnen arbeitet dauerhaft in der Stadt. Die Mehrzahl der Männer hat ihre Familie in North Gowanus, doch bis auf gelegentliche Aufträge hier verbringen sie viel Zeit in anderen Städten. Dabei ziehen sie – meist in Automobilen – durchs Land und suchen nach eiligen Jobs, die unbegrenzt Überstunden bei doppeltem Lohn verheißen; in New York City fahren die Stahlbaufirmen so wenig Sonderschichten wie möglich. Es kommt durchaus vor, dass ein einziger Trupp innerhalb eines Jahres in fünf, sechs weit voneinander entfernten Städten arbeitet. Zwischen den

Aufträgen kehren sie hin und wieder zu ihren Familien nach Brooklyn zurück. Nach längeren Jobs holen sie ihre Familien manchmal auch ab, um mit ihnen Urlaub im Reservat zu machen; einige tun das jeden Sommer. Wenige Männer nehmen ihre Familien mit auf die Fahrt zu ihren Aufträgen und schicken sie dann mit dem Bus oder Zug zurück nach Brooklyn. Einige Vorarbeiter, die schon jahrelang mit den Caughnawagas zusammengearbeitet haben, glauben, dass ihnen dieses Umherziehen im Blut liegt, dass sie nicht anders können und die Suche nach mehr Überstunden nur eine Ausrede ist. Ein alter Vorarbeiter der American Bridge Company berichtet, dass Caughnawagas schon Anstellungen verlassen haben, die mehr Sonderschichten boten, als sie hätten bewältigen können. Wenn der Gedanke ans Weiterziehen sich in ihren Köpfen festsetzt, erzählt er, werden sie unberechenbar: »Die Baustelle ist in Ordnung, alles läuft prima. Gute Arbeitsbedingungen. Viele Überstunden. Eine nette Stadt. Doch dann tauchen Gerüchte auf über einen ach so tollen großen Auftrag in einer anderen Stadt, vielleicht sogar mehr als tausend Kilometer entfernt. So eine Nachricht bringt immer viel Gerede und Unruhe und spricht sich rasend schnell herum, aber die Indianer brauchen gar nicht miteinander zu reden, die wissen sowieso, was ihre Brüder denken. Ein paar Tage lang sind sie angespannt und nervös. Ihre Augen funkeln. Sie haben den Ruf gehört. Und plötzlich geben sie ihre Werkzeuge zurück und ziehen ab. Sie halten es keinen Augenblick länger aus. Sie gehen in der Mittagspause, mitten in der Woche. Manchmal warten sie nicht mal, bis sie ihren Lohn bekommen. Den nimmt ein anderer ihrer Trupps in Empfang und schickt ihn hinterher, sobald eine Postkarte eintrudelt, auf der steht, wo sie jetzt sind und wohin das Geld geschickt werden soll.« George C. Lane, bei der Bethlehem Steel Company zuständiger Bauleiter für das Gebiet New York, bemerkte einmal, dass ein umherziehender Caughnawaga-Trupp so unvorhersehbar ist wie ein Schwarm Spatzen. »Im Sommer 1936«, erzählt Mr Lane, »hatten wir gerade einen Auftrag in New York abgeschlossen und wollten schon am nächsten Tag einen neuen beginnen, nur ein paar Blocks vom alten entfernt. Da habe ich mit eigenen Ohren gehört, wie ein Vorarbeiter die Indianer bekniet hat, auch bei dem neuen Bau dabei zu sein. Aber sie hatten von einem Auftrag in Hartford gehört und wollten dorthin. Der Vorarbeiter sagte, dass die Bezahlung dieselbe war und sie dort auch nicht mehr Überstunden machen könnten, dass ihre Familien hier lebten und sie außerdem Reisekosten hätten und sich in Hartford nach einer Bleibe umsehen müssten – aber nein, es musste Hartford sein und nichts anderes. Ein Jahr danach traf er dieselben Männer auf einer Baustelle in Newark und fragte einen von ihnen, wie Hartford für sie gelaufen wäre. Der antwortete ihm, dass sie gar nicht nach Hartford gefahren wären. ›Wir waren in Kalifornien‹, meinte er. ›Wir sind rüber nach San Francisco gefahren und haben an der Golden Gate Bridge mitgebaut.‹« In New York City arbeiten die Caughnawagas zumeist für die großen Unternehmen – für Bethlehem Steel, American Bridge, die Lehigh Structural Steel Company und die Harris Structural Steel Company. Zu den Bauten in der Stadt und im Umland, an denen sie in nennenswertem Umfang beteiligt waren, gehören das R.C.A. Building, das Cities Service Building, das Empire State Building, das Daily News Building, das Chanin Building, das Bank of Manhattan Company Building, das City Bank Farmers Trust Building, die George Washington Bridge, die Bayonne Bridge, die Passaic River Bridge, die Triborough Bridge, die Henry Hudson Bridge, die Little Hell Gate Bridge, die Bronx-Whitstone Bridge, die Marine Parkway Bridge, der Pulaski Skyway, der West Side Highway, das Waldorf-Astoria, London Terrace und das Knickerbocker Village.

In den Eingeweiden der Stadt

Colum McCann

1916

Er arbeitet in den Tunneln von Manhattan, mal gräbt er, mal sprengt er, mal schuftet er wieder unter Wasser, karrt Blöcke oder Zementsäcke oder Schutt weg – immer die gefährlichste Arbeit, am Kopf des Tunnels, die vorderste Wühlmaus. Er arbeitet Woche für Woche, Jahr für Jahr, mit einer erträglichen Lohntüte und ein paar Dollar Gefahrenzulage. Keine spektakulären Auferstehungen mehr, und kein Bedarf mehr dafür – ein zweites Leben, das weiß er, ist genug. Walkers Körper verändert sich nicht, die kräftigen Arme, der robuste Brustkorb, die wogenden Muskeln. Nach der Arbeit fährt er gern mit der Subway nach Hause. Wie immer hängt er seine Stiefel an den Türgriff. Er wäscht seine Kleidung in den Waschbecken, die gerade zur Verfügung stehen. Walker kauft sich selten neue Hemden. Arbeitsschuhe sind sein einziger Luxus – er kauft sich jedes Jahr ein neues Paar. Er legt sich auf sein Bett und hört sich jede Musik an, die aus dem Radioapparat kommt, macht sich selten die Mühe, am Sendeknopf zu drehen, es sei denn, es gibt die sichere Aussicht auf Jazz. In einem wilden Jahrzehnt treibt er es nicht wild, und er will es auch nicht. Er bemüht sich nicht um Alkohol, wenn er verboten ist, nimmt aber gerne einen

Drink an, wenn ihm einer begegnet, meistens, wenn er mit Sean Power unterwegs ist. Whiskey, Grappa, Cidre, schwarzgebrautes Bier.

Walker, einigermaßen glücklich, einigermaßen unglücklich, einigermaßen einsam, einigermaßen allein, neigt dazu – wie ein Mann, der viel Zeit mit sich selbst verbringt –, ohne erkennbaren Grund laut aufzulachen.

Gelegentlich gerät er in eine Tunnelschlägerei, die er nicht angezettelt hat, und er schlägt sich nur, wenn es unbedingt sein muss. Trotzdem schwingt er eine kräftige Faust, legt seine ganze Muskelkraft hinein. Auf der Straße wird er manchmal von Cops gefilzt, und er lässt es geschehen, hütet sich, irgendwas zu sagen; sie werden ihn zu Brei schlagen, wenn er den Mund aufmacht. Er bringt sein Geld auf eine Negerbank – dort bekommt er weniger Zinsen, aber wenigstens ist es bei seinen Leuten, und er hat das Gefühl, dort ist es sicher. An seinem fünfundzwanzigsten Geburtstag stürzt er sich in Unkosten und kauft eine Victrola in einem Laden in Harlem, die einem berühmten Trompeter gehört, bezahlt zwei Dollar mehr, als er woanders bezahlen würde, aber egal. Lass es rollen. Lass es klingen. Zwei Jahre später kauft er ein noch besseres Modell mit einem speziellen Saphir. Er karrt es nach Hause und kurbelt es vorsichtig an. Um ihn herum bricht Jazzmusik aus, und er vollführt wilde einsame Tänze in seiner Wohnung.

Frauen kommen und gehen, aber meistens gehen sie – sie können nicht mit der Vorstellung leben, dass Walker in den Tunneln stirbt, und außerdem ist er schüchtern und still und, obwohl gut aussehend, besteht er darauf, seinen lächerlichen roten Hut und den Overall zu tragen.

Nur seine Zimmer wechseln mit den Jahren – das Hotel in Brooklyn; eine Dachkammer im Süden Manhattans, am Rand der alten Wohnblocks von Five Points, wo Vogelscheiße das Oberlicht verdunkelt; eine Wohnung in der Nähe eines

Schlachthofs in Hell's Kitchen, wo irisches Gelächter um ihn herum schallt; ein Schindelhaus nahe der Henderson Street in Jersey City, wo aus der Nachbarhütte der Geruch von schwarz gebranntem Alkohol sickert; zurück nach Manhattan, in eine Pension für Farbige um die Ecke von der Bar des Theresa Hotel; dann weiter nach Norden in die 131st Street in ein Zimmer mit fließend kaltem Wasser. Die einzige Konstante in seinem Leben sind seine sonntäglichen Besuche bei Maura und Eleanor O'Leary. Das Verstreichen der Jahre liest Walker daran ab, wie der Tunnelstaub sich auf seine Lunge legt; an den Falten, die in Maura O'Learys Augenwinkeln erscheinen; an Eleanors wachsender Neugier, wenn sie sich vorbeugt und sanft seinen Ellbogen berührt, während er seine Geschichten erzählt.

»Also«, sagt er zu ihnen. »Also. Das war um 1860. Da haben die den allerersten Tunnel in der Stadt gebaut. Ein Mann namens Mister Alfred Ely Beach war der Boss. Geschäftsmann. Wie sagt man noch gleich? Entrepreneur. Mit ner Fliege um den Hals. Noch fetter als Randall. Mister Beach hatte die Idee, dass man vielleicht die Züge unter die Erde tun sollte statt drauf. Keine Züge mehr in der Luft, nur noch in der Erde. Und niemand in der Stadt war vorher drauf gekommen mit Ausnahme von diesem Mister Beach hier. Er war verdammt schlau, 'tschuldigung, Ma'am, aber das war er.«

Walker tippt sich an einen Hut, der gar nicht da ist, und die beiden Frauen lächeln.

»Also hat er versucht, eine Genehmigung zu kriegen, um einen Tunnel unterm Broadway zu graben, da unten beim Rathaus. Direkt vor ihrer Nase. Aber er kriegt keine Genehmigung, egal, wie er es anstellt, nie im Leben kriegt er die. Sie machen Geld mit der Hochbahn. Das wollen sie nicht verlieren. Wir sind, wie gesagt, in den Sechzigerjahren, voriges Jahrhundert. Die sagen, der alte Beach ist verrückt. Und vielleicht ist er es auch. Aber er macht trotzdem weiter. Er ist einer von diesen Männern, die wissen, dass sich nur die Dinge lohnen, die einem vielleicht das Herz brechen. Also hat er sich ein paar Arbeiter organisiert, und die haben direkt unter Devlins Bekleidungsgeschäft heimlich gegraben, dort in der Murray Street. Nachts haben sie den Schutt durch Kleiderreihen rausgeschmuggelt. Haben den Schutt die Straße runtergekarrt, während alle andern geschlafen haben. Niemand außer dem Arbeitstrupp wusste, was da vor sich geht. Man sagt, der Vorarbeiter wurde ›Der Bandwurm‹ genannt. Die haben ihn so genannt, weil er einmal nem Mineur den Bauch mit einem Messer aufgeschnitten hat, nachdem der Typ verraten hat, dass sie den Tunnel bauen.«

Teetassen dampfen auf dem Küchentisch vor sich hin, während Walker erzählt.

»Jedenfalls haben sie Fresken und Kacheln und alle möglichen hübschen Bilder reingetan und den schönsten Tunnel draus gemacht, den ihr je gesehen habt. So ungefähr das Prachtvollste überhaupt. Ungelogen. Und ganz vorne haben sie einen Springbrunnen in den Warteraum gebaut, einen riesengroßen Springbrunnen, für den das Wasser runtergepumpt wurde. So was hats noch nie gegeben. Und der alte Alfred Ely Beach meinte, dass sie einen Konzertflügel brauchen, damit sie die Fahrgäste auch richtig begrüßen können. So was Ähnliches wie das hier, schätz ich.«

Er deutet mit einem Nicken auf Con O'Learys Klavier an der gegenüberliegenden Wand.

»Und dann hat der alte Alfred Ely Beach seinen ersten Zug durchgeschickt. Das muss ein Tag gewesen sein! Man sagt, er hat eine Dame angeheuert, ganz schick angezogen, die runterkam und auf dem Konzertflügel gespielt hat, und alle die Fahrgäste, als die kamen und den Springbrunnen sahen und die Musik hörten, müssen die gedacht haben, sie wären gestorben und im Himmel gelandet. Jedenfalls haben sie diesen Zug mit Druckluft durch den Tunnel geschickt, zwei große Gebläse, die den Zug vor sich herschieben. Ich weiß nicht genau, aber ich schätze, es muss eine Viertelmeile oder so gewesen sein. Ein paar Jahre lang war der in Betrieb, aber sie haben kein' Gewinn damit gemacht, und der alte Beach, der war schon dabei, sein letztes Hemd zu verjubeln, da hat er beschlossen, das verdammte Ding dichtzumachen. Also hat er es zugemauert. Achtzehnhundertirgendwassiebzig. Nach ein paar Jahren hatten alle vergessen, dass da überhaupt jemals ein Tunnel gewesen war. Sogar die Männer, die die Karten gemacht haben, die haben vergessen, ihn einzuzeichnen.«

Walker blickt in seine Teetasse, als würde er seine Worte dort abwägen.

»Weiter«, sagt Eleanor.

»Und dann ist was ganz Merkwürdiges passiert, und ich bin immer noch platt, wenn ich dran denke, aber es ist wahr.«

»Weiter. Weiter.«

Er macht eine Pause, um einen Schluck Tee zu trinken, und gibt einen zusätzlichen Würfel Zucker hinein. »So wahr ich hier sitze, und so merkwürdig das ist. Habs erst letzte Woche gehört. Ein Mann hat sein Ehrenwort gegeben, und der alte Rhubarb, der schwört auch, dass es wahr ist. Die haben nämlich wieder unterm Broadway gegraben. Aber jetzt ist es sechzig Jahre später. Und den alten Tunnel, den hat jeder vergessen. Die sprengen mit Dynamit. Machen Vortrieb in offener Baugrube, wo sie die Stahlplatte über die Straße legen, damit keine von den Steinen in die Luft hochfliegen. Also legen sie das Dynamit und räumen den Tunnel, und dann zündet einer von ihnen die Zündschnur an. Sie gehen alle raus, auf die Straße hoch, und warten auf die Explosion. Reden kaum miteinander. Wahrscheinlich müde. Dann gehts los, das Dynamit, und macht seine Arbeit. *Bumm!*«

Eleanor zuckt erschrocken zusammen.

Walker lacht. »Und der Trupp geht allesamt wieder die Treppen runter und in den Tunnel rein. Sie halten sich ihre Schals vor den Mund, gegen den Staub. Und einer von den Ingenieuren geht zuerst rein, um zu gucken, dass keine Gefahr besteht, dass ihnen keine Felsen auf den Kopf fallen. Und tatsächlich, der Tunnel sieht gut aus, und sie fangen alle an, den Schutt da rauszuschaffen. Zu fünft. Packen die großen Felsen nach hinten. Wollen schon die Deckenstützen einsetzen. Und plötzlich schreit einer von denen: ›Seht euch das an!‹ Und er steht da mit einem Stück Kachel in der Hand. Und sie denken alle: Gottverdammt. 'tschuldigung. Aber das denken die nun mal. Gottverdammt, wo zum Teufel kommt diese Kachel her? Und dann hebt ein anderer Junge noch ne Kachel auf, und dann ein Stück von nem Gesicht, wie heißen die noch, die oben an Gebäuden dran sind?«

»Wasserspeier«, sagt Maura.

»Genau, Wasserspeier. Er hebt ein Stück von nem Wasserspeier auf, und jetzt sagen alle das Wort, so laut 's überhaupt nur geht. Gottverdammt. 'tschuldigung, Ma'am. Aber so haben die bestimmt geredet.«

Eleanor, vierzehn Jahre alt, beugt sich vor, Ellbogen auf dem Tisch, Gesicht in die Hände gestützt.

»Dann macht der Trupp weiter, um noch mehr Felsen beiseitezuschaffen, und plötzlich stoßen sie auf Luft. Nichts da! Gar nichts! Also kriechen sie durch diese Lücke in dem Tunnel, bis sie stehen und sich strecken können! Also, diese Männer, die sind gewohnt, sich den ganzen Tag lang und kurz zu bücken, und jetzt stehen sie da, aufrecht! Überall um sie rum Kacheln und Bilder und ein Bahngleis zu ihren Füßen! Also gehen sie los, alle fünf, marschieren weiter, und keiner von denen traut seinen Augen. Tiefer und tiefer, und dann sehen sie den alten Springbrunnen – kommt natürlich kein Wasser mehr raus, aber er ist da, dieser alte Springbrunnen – und ganz weit dahinter auch noch der Konzertflügel! Ohne Witz. Das Klavier! Voller Staub. Die müssen einen richtigen Herzanfall bekommen haben. Und ein Arbeiter macht den Deckel von dem Klavier auf und fängt an zu spielen, und alle Männer versammeln sich um ihn rum, halten ihre Lampen über die Tasten. Gab bestimmt keinen, der irgendeinen Ton im Kopf hatte, und ich weiß nicht, was für ein Lied die gesungen haben, aber ich schätze, das ist egal. Da standen sie rum in diesem alten Tunnel, bis der Inspektor runterkommt und sieht, wie sie bei diesem alten Klavier stehen und brüllen, lachen und singen.«

Die Frauen sitzen sprachlos vor ihren Tassen kalten Tees, ein Lächeln spielt um Eleanors Mund.

»Ein Klavier unter der Erde?«, sagt sie. »Mein Gott.«

»Eleanor«, sagt Maura. »Du weißt, ich hab dir gesagt, du sollst nicht solche Sachen sagen.«

»Was für Sachen?«

»Sachen wie mein Gott.«

»Tut mir leid, Mom.«

Sie sitzen schweigend da, bis Walker sagt: »Aber das ist doch was, oder?«

Maura nickt. »Allerdings.«

»Kann einen ganz schön um den Verstand bringen, wenn mans zulässt.«

»Allerdings.«

»Ein unterirdisches Klavier.«

»Allmächtiger Gott«, sagt das Mädchen wieder.

Und alle drei lachen.

Sie treffen in der Morgendämmerung ein, eine Welt von Kopfbedeckungen. Ein dunkles Feld von Gestalten, Stängel, die sich dem Hafenviertel entgegenneigen.

Verstreut zunächst in den Straßen von Brooklyn – sie sind mit Straßenbahn, Fähre und Hochbahn gekommen – vereinen sie sich allmählich zu einer Woge. Herbe Männer, die unermüdlich Zigaretten rauchen und beim Gehen den Schlamm vom Vortag von ihren Stiefeln stampfen. Im Schnee bleibt eine Dreckspur zurück. Eislachen zersplittern unter dem Gewicht ihrer Füße. Die Kälte schleicht sich in ihre Körper. Einige Männer haben große Schnurrbärte, die ihnen wie Präriegras über den Lippen hängen. Andere sind jung und haben vom Rasieren gerötete Wangen. Alle haben Gesichter, die von der schweren Arbeit ausgehöhlt sind – sie rauchen fieberhaft, wie Menschen, die wissen, dass sie schon in ein paar Stunden tot sein können. Während sie sich in ihre Mäntel kauern, riechen sie vielleicht noch die vergangene Nacht an ihren Körpern – vielleicht waren sie betrunken, oder mit einer Frau zusammen, oder beides. Später werden sie über diese Geschichten von Liebe und Trinken lachen, aber jetzt schweigen sie. Es ist viel zu kalt, um irgendetwas anderes zu tun, als zu gehen und zu rauchen. Sie nähern sich dem East River und scharen sich am Schachteingang, stampfen mit ihren Stiefeln auf die Pflastersteine, um sich zu wärmen.

Der Schnee zu ihren Füßen verwandelt sich in Matsch.

Als das Signal die Malocher zur Arbeit ruft, ziehen sie ein letztes Mal an ihren Zigaretten. Die roten Spitzen glimmen auf und fallen zu Boden, eine nach der anderen, als legten sich Schwärme von Glühwürmchen zur Ruhe.

Nathan Walker, der in der Mitte der Schlange steht, sieht die Männer der Nachtschicht aus dem Schacht herauskommen, von oben bis unten mit Schlamm bedeckt, erschöpft. Walker spürt, dass er seine Zukunft betrachtet, also starrt er nicht so genau hin, nur ab und zu streckt er die Hand aus und klopft einem entgegenkommenden Mann auf die Schulter. Der müde Mann hebt den Kopf, nickt, taumelt weiter.

Walker widersteht dem Drang zu niesen. Er weiß, eine Erkältung bedeutet den Verlust eines Tageslohns – in der komprimierten Luft unter dem Fluss könnte Blut aus Nase und Ohren tropfen. Wenn der Vorarbeiter etwas von seiner Erkältung mitkriegt, wird er ihn aus der Kolonne nehmen. Also schluckt Walker sein Husten und Niesen hinunter. Er nimmt ein Amulett aus der Tasche, einen Stein, und rollt ihn zwischen den Fingern. Der Talisman fühlt sich eisig an.

Walker flüstert seinem Kumpel Con O'Leary zu.

»Wie stehts, Alter?«

»Krank wie die Pest. Hab ein' Riesenkater.«

»Ich auch.«

»Mein Gott, und kalt is es«, sagt O'Leary.

»Kann man wohl sagen.«

»Was solls, Kleiner. Wir müssen.«

Der Vorarbeiter nickt den beiden Mineuren zu, und sie schließen sich der Gruppe am Schachteingang an. Sie stehen dicht aneinandergedrängt und rücken langsam vor. Walker hört das Heulen der Kompressionsmaschine von unten. Es ist ein langer, scharfer, harter Ton, den er schon bald nicht mehr hören wird – der Fluss ist ein Geräuschefresser; er packt sie und verschluckt sie. Walker rückt sich den Hut zurecht und wirft einen letzten Blick hinaus in die Ferne. Das Zollgebäude mit den drei Säulen am anderen Ufer ist grau am frühen Morgen; Hafenarbeiter sind an den Docks beschäftigt; ein paar Frachtschiffe manövrieren um Eisschollen herum; und draußen auf dem Wasser steht eine junge Frau in einem leuchtend roten Mantel auf dem Deck einer Fähre und winkt mit beiden Armen. Walker erkennt Maura O'Leary, und kurz bevor er aus ihrem Blickfeld verschwindet, tippt sich Con, ihr Mann, an seinen Hut, eine Geste, die wegwerfend oder gelangweilt sein könnte, in Wahrheit aber ein Ausdruck von Liebe ist.

Walker schmunzelt über diesen Anblick, duckt sich und

macht sich an den Abstieg unter den Fluss, einem weiteren Tag des Buddelns entgegen an diesem Morgen, der so kalt ist, dass sogar sein Herz sich anfühlt, als sei es an seinen Rippen festgefroren.

In der Druckluftschleuse wird die Tür fest verschlossen, und dann kommt die Luft rings um die Caissonarbeiter hereingezischt.

Walker öffnet den obersten Mantelknopf. Er spürt, wie sich seine Zehen in der heißen Druckluft entspannen. Ein Schweißtropfen bildet sich auf seiner Stirn, und Walker schnickt ihn mit dem Daumen weg. Neben ihm steht O'Leary zusammengesackt an der Wand und atmet schwer. Zu den beiden gesellen sich bald Sean Power und Rhubarb Vannucci. Mit steigendem Druck fängt die Luft an zu glühen, als hätte eine Hitzewelle beschlossen, die Arbeiter mitten im Winter unter die Erde zu begleiten. Die vier Männer halten sich die Nase zu, bis es in ihren Ohren knackt.

Nach ein paar Minuten hockt sich Power hin und zieht ein Kartenspiel aus seiner Hosentasche. Die Männer kramen in ihren Taschen nach Münzen und spielen Poker, während der Druck der Luft auf ihre Körper auf neunundzwanzig Pfund pro Quadratzoll ansteigt. Walker gewinnt die erste Runde, und Power klopft dem jungen Schwarzen auf die Schulter.

»Sieh mal an, unser Pikkönig. Ihr Nigger steckt doch alle unter einer Decke!«

Aber Walker nimmt es ihm nicht übel. Er weiß, unter dem Fluss herrscht Demokratie. Im Dunkeln sehen alle gleich aus – der Knoblauchfresser wie der Nigger wie der Polacke wie der irische Saufkopp –, und so lacht Walker bloß, steckt seinen Gewinn ein und teilt die zweite Runde aus.

Noch mit den Hüten auf den Köpfen verlassen die Tunnelarbeiter die Schleuse und treten in den Druckluftbereich des Schildes ein. Es sind mehr als hundert, die da durch den Schlamm waten. Mineure, Schweißer, Zimmerleute und Mörtelpumper, Förderleute und Elektriker. Sie nehmen ihre Mützen und Hüte ab, ziehen in der Hitze ihre Mäntel aus. Einige haben Tätowierungen, andere Schwabbelbäuche, ein paar sind ausgemergelt, die meisten drahtig. Fast alle haben vorher schon als Bergleute unter Tag gearbeitet – in Colorado, Pennsylvania, New Jersey, Polen, Deutschland, England – und ihr Vermächtnis aus dieser Zeit sind Staublungen. Könnten sie in ihre Kehlen greifen, so könnten sie die Leiden aus ihren Lungen meißeln. Teer und Dreck würden ihnen zwischen den Fingern zerbröseln. Sie könnten ein Stück rußfarbenen Gewebes hochhalten und sagen: Das haben die Tunnel mit mir gemacht.

Es hat schon viele Todesfälle in den Tunneln gegeben, aber das ist ein Gesetz, das die Caissonarbeiter akzeptieren: Du lebst so lange, bis du stirbst.

Nackte Glühbirnen flackern, und die Männer gehen durch ein flüssiges Licht, das geriffelte Schatten an die Wände wirft. Die Schatten schmelzen und wandern und verschwimmen, werden länger und dann kürzer. In der Mitte des Tunnels verläuft ein schmales Gleis, das später zur Beförderung von Geräten und Erdreich zum Einsatz kommen wird. Die Männer gehen das Gleis entlang und verlassen an unterschiedlichen Stellen den Trupp. Metallene Butterbrotdosen werden auf den Boden geworfen. Rosenkränze aus den Taschen geholt. Im flüchtigen Überschwang des Arbeitsbeginns ziehen die Männer ihre Hemden aus. Hier wird eine Faust geschlossen, um die Muskeln spielen zu lassen. Dort werden Schultern zurückgeworfen, um einen massigen Brustkorb zu offenbaren. Dahinter schlägt eine Faust dumpf in eine Handfläche.

Die vier Wühlmäuse – Walker, O'Leary, Vannucci und Power – halten sich nicht mit Reden auf. Sie müssen bis zum äußersten Ende des Tunnels gehen, unter den gusseisernen Segmentringen hindurch, an Maschinen und Schraubstöcken vorbei, an Bolzen, gewaltigen Schraubenschlüsseln und gestapelten Säcken mit Portland-Zement. Walker geht voran, balanciert auf einer der Schienen, während die anderen drei die Füße vorsichtig auf die Holzschwellen setzen. Ihre Schaufeln baumeln seitlich an den Beinen herab. Walker hat seinen Namen in den Schaft geritzt, O'Learys hat eine verbogene Spitze, der Griff von Powers Schaufel ist mit einem Handtuch umwickelt, und Vannuccis, die einen winzigen Riss hat, wird durch eine metallene Überschiebmuffe zusammengehalten. Sie gehen weiter, mitten in den schwarzen Bauch hinein.

»Heißer als ne Hurenküche heute«, sagt Power.

»Und ob.«

»Schon mal in ner Hurenküche gewesen?«

»Nur zum Frühstück«, sagt Walker. »Grütze und Eier auf beiden Seiten gebraten.«

»Mein lieber Schwan! Hört euch den Jungen an!«

»Und brutzelnder Speck.«

»Huuui. Lecker.«

»Oberschale. Mit ein bisschen Schwarte.«

»Klingt gut!«

Am Kopf des Tunnels erreichen sie den Greathead Shield, den Vortriebsschild, als vorderste Sicherung, eine Riesenblechbüchse, die durch hydraulische Druckpressen unter den Fluss getrieben wird. Wenn etwas schiefgeht, wird der Schild wie der Deckel einer Blechdose den Schlamm zurückhalten. Aber die vier Männer müssen noch weiter. Sie holen tief Luft und bücken sich dann, um durch die Tür im Schild zu treten. Als würde man eine winzige Kammer am Ende der Welt betreten. Sieben Quadratmeter Finsternis, Feuchtigkeit und Gefahr. Hier wird das Flussbett durch lange Brustplatten und riesige Druckstempel gestützt. Über ihren Köpfen springt eine

Zwischenbühne aus Stahl hervor, die sie vor herabstürzenden Felsen und rutschendem Schlamm schützen soll. Direkt vor ihnen hängt eine Glühbirne in einem Drahtgehäuse, die Berge von Schlamm und Pfützen dreckigen Wassers beleuchtet. Das Licht flackert, der Strom fließt nicht gleichmäßig. Nathan Walker und Con O'Leary waten durchs Wasser, das auf dem Boden des Raumes steht, strecken die Arme aus und berühren den hölzernen Verbau der Ortsbrust, was ihnen Glück bringen soll.

»Dreimal auf Holz geklopft, Kumpel.«

»Ich klopfe«, sagt O'Leary.

»Verdammt, sogar die Brust ist warm geworden.«

Am Ende des Tages wird der Dreck hinter der Ortsbrust verschwunden sein, hinausgekarrt auf dem schmalen Gleis, auf Waggons geladen und von keuchenden Zugpferden zu einer Deponie in Brooklyn gezogen. Dann wird der Schildmantel ein weiteres Mal vorgeschoben. Schweigend nehmen die Männer die Herausforderung an, das Flussbett weiter denn je zu durchstoßen, vielleicht sogar vier Meter, wenn sie Glück haben. Sie bauen eine Zwischenbühne, auf der sie stehen können. Walker schraubt einen Druckstempel auf, und Vannucci nimmt zwei Brustplatten heraus, um ein Fenster für ihre Buddelarbeit zu schaffen. Power und O'Leary treten zurück und machen sich bereit, den Schlamm aufzuladen. Die vier werden sich im Laufe des Tages abwechseln, schaufeln und aufladen, aufladen und schaufeln, ihre Schaufeln in den Boden jagen, die Metallkanten tief hineinstechen.

Heute

Es gibt einen Moment beim Aufwachen, in dem er denkt, dass er vielleicht nicht ewig aufwachen wird. Treefrog tastet nach seiner Leber, um sich zu vergewissern, dass er noch lebt, und erinnert sich an den Kranich, den er gestern erfroren im Hudson gefunden hat.

Schmerz durchfährt seinen Magen. Er dreht sich in seinem Schlafsack, zieht den Reißverschluss runter, knöpft das Hemd auf und reibt mit seinem Finger über die Delle, die der Metallverschluss in seiner Brust hinterlassen hat. Er drückt die Delle von beiden Seiten zusammen und beobachtet, wie die Stelle auf seiner Haut rot anschwillt. Kalt, so verdammt kalt, noch kälter als oben. Er beugt sich über seinen Nachttisch und zündet eine Sabbatkerze an, hält beide Hände über die Flamme, lässt die Hitze durch sie hindurchschlüpfen. Seine Handflächen schweben dicht über der Flamme, und für einen Moment wirken seine Hände im Kerzenlicht wie abgelöst vom Rest des Körpers, der im Dunkeln bleibt. Je näher seine Handflächen der Kerze kommen, desto höher züngelt die Flamme. Treefrog lässt seine Hände dort, bis sie vor der übermächtigen Hitze zurückzucken. Er genießt den Schmerz, hält beide Hände hoch in die eisige Luft.

Er hört Ratten in der hinteren Höhle herumscharren. »Scheiße«, sagt er. »Scheiße.« Er wirft eine leere Dose hinter sich. Sie scheppert gegen die Höhlenwand, und die Ratten sind einen Moment lang ruhig; dann scharren sie weiter. Zeit, ein paar Fallen aufzustellen.

Treefrog setzt sich in seinem Schlafsack auf und legt die Hände zwischen die Beine, wo es warm ist, reckt sich und blickt über die niedrige Mauer seines hochgelegenen Heimes.

Schnee fällt durch die Tunneldecke, rieselt durch das Metallgitter herab. In dreizehn Meter Höhe hält das Gitter den Schnee für einen Augenblick auf und gibt ihn dann frei. Die Flocken wirbeln in Lichtkegeln umher, in blauem Winterlicht. Sie kreiseln abwärts und landen neben den Eisenbahngleisen, bilden Schneeflecken, die in den Tunnel hineinstreben. Dann werden sie von der Dunkelheit verschluckt. Treefrog hat das oft genug gesehen, um nicht mehr erstaunt zu sein, trotzdem sieht er lange zu und sagt dann laut zu niemandem: »Unterirdischer Schnee.«

Jeder Tag beginnt gleich. Sein morgendliches Ritual. Er steht auf und zieht sich in der abgrundtiefen Kälte an, entzündet eine Kerze, schließt die Augen. Er gelangt blind zum hinteren Teil seines Nests. Das Nest besteht aus zwei Räumen – einem alten Lagerraum und einer Höhle.

Treefrog fühlt die Dunkelheit, riecht sie, gehört zu ihr.

In der Höhle bückt er sich, bewegt sich mit geschlossenen Augen. Kerzenwachs tropft ihm auf die Hand. Die Höhle ist dunkel und feucht. Kleine Winkel und Nischen in dem Faltenwurf grauen Gesteins. Ein Sims an der Wand. Verborgene Fächer, die so groß sind, dass er seine Faust hineinstecken kann. Er stellt die Kerze auf den Sims und nimmt ein Blatt Millimeterpapier und einen gespitzten Bleistift, macht die Runde durch die kleine Höhle und lässt seine Hand dabei an der Wand entlangfahren, fühlt die Spalten und die Kälte. Bei jeder Veränderung der Oberfläche öffnet er die Augen und markiert eine Erhöhung auf dem Millimeterpapier. Er macht kehrt und befühlt die gleiche Stelle mit seiner anderen Hand, streichelt den Felsen und lässt die Kälte durch seine Lederhandschuhe sickern. Er atmet schwer und stellt sich die Wölkchen vor, die sein Atem vor seinen Augen macht – seltsame Formen und wunderliche Bewegungen. Mit den Händen an der Wand bückt, dreht und wendet er sich instinktiv und gelangt zu seiner Bibliothek, die ganz hinten in der Höhle versteckt ist. Beide Handflächen ruhen auf einem wackligen Holzregal, und so verharrt er wie im Gebet.

Treefrog wechselt den Bleistift hin und her, von einer Hand zur anderen.

Auf dem Regal stehen seine technischen Fachzeitschriften,

jede in einer Plastikhülle, mit Etikett versehen. Er fährt mit den Fingern an ihnen entlang, bleibt bei seiner Lieblingszeitschrift stehen – Tunnelbau – und geht dann weiter an seiner Sammlung von Landkarten vorbei, die ganze Welt entlang und weiter.

Am Ende der Höhle richtet er sich auf und geht zur großen vorderen Kammer zurück. Selbst mit geschlossenen Augen kennt er die Schatten, die das flackernde Kerzenlicht wirft. Seine Stiefel gleiten vom Teppich zum nackten Boden und wieder zum Teppich. Er setzt nie einen Fuß daneben und macht immer eine gleiche Anzahl von Schritten. Jede Höhlung und jede Falte des Bodens wird dadurch wiedererkannt, wie sie seine Füße berühren.

Der größte Teil seines Plunders ist hier untergebracht, alte Kisten, Zeitungen, ein Sofa, das er aufgequollen im Regen gefunden hatte, Dosen, Töpfe, Messer, Nadeln, drei Dutzend Radkappen und Bücher in Klettverschlusshüllen, die sie vor der Feuchtigkeit schützen. Um die Feuerstelle stapelt sich Brennholz. Treefrog bleibt beim Gulag stehen, einem dreißig Zentimeter tiefen Loch in der Wand. Unter dem Gulag steht ein Kasten für seine Katze, Castor, zum Schlafen. Er tastet sich an der Wand entlang, unter einer Wäscheleine hindurch, die er aus Krawatten zusammengeknüpft hat, an seinem Bett vorbei, und achtet darauf, mit den Füßen nicht gegen die riesigen Pissflaschen zu stoßen, die am Ende der Matratze aufgereiht sind. Er wird die Flaschen später ausleeren, oben seinen Namen gelb in den Schnee einritzen, wo ihn nur die Krähen entziffern können.

Am Rand seines Nests greift er über sich nach einem Stahlträger, dreht sich und streckt die andere Hand aus. Er markiert den oberen Rand des Millimeterpapiers mit seinem Bleistift. Treefrog befingert einen kaputten Tachometer, der vom Stahlträger seines Nests herabhängt – die Nadel ist bei sechsunddreißig stehen geblieben, seinem Alter – und sagt zu sich: Ganz ruhig, nicht abstürzen.

Er öffnet die Augen, betrachtet das Millimeterpapier, die Reihen von Punkten und die gewellten Linien. Er zeichnet ein schnelles Vermessungsprofil von dem Weg, den er zurückgelegt hat. Das ist sein wichtigstes Ritual, er kann seinen Tag nicht ohne beginnen. Er bläht die Dinge zur zehnfachen Größe ihres Kartenmaßstabs auf, sodass das Nest auf dem Papier wie ein Faltenwurf riesiger Täler, Berge und Ebenen aussieht. Selbst aus den winzigsten Kerben in der Wand werden große Einbuchtungen. Später wird er sie auf eine größere Karte übertragen, an der er seit vier Jahren arbeitet, eine Karte von dem Ort, an dem er lebt, handgezeichnet, verwoben, geheimnisvoll, mit Hügeln, Flüssen, toten Flussarmen, gekrümmten Bächen, Schatten: die Kartografie der Dunkelheit.

Treefrogs Finger zittern vor Kälte, als er die Karte dieses Morgens in die Nachttischschublade stopft. Dann geht er mit geschlossenen Lidern auf den Steg hinaus. Der schmale Träger erfordert absolute Balance – unter ihm liegen sieben Meter bis zum Tunnelboden. Er schwingt sich zu dem zweiten Träger hinunter, drei Meter weiter unten, geht in die Hocke, springt und landet geräuschlos im Kies, mit gebeugten Knien und klopfendem Herzen. Er öffnet die Augen und blickt in die Dunkelheit.

Erst drei Blocks von Treefrog entfernt wohnt wieder einer. Manchmal, wenn Treefrog in den Tunnel späht, sieht er in der Ferne eine wässrige Bewegung, und dann meint er ein Kanu zu sehen, das zielstrebig gepaddelt wird; oder seine Tochter, die auf ihn zuschwimmt; oder seine Frau, die durch die Schwärze kommt, schlank, dunkelhäutig, vergebend. Doch dann klart die Dunkelheit auf, und die Visionen sind verschwunden.

Treefrog sitzt in dem Strom blauen Lichts, das von oben kommt – neben dem Wandgemälde von Salvador Dalís weicher Uhr –, und lässt die Flocken um sich herum fallen. Aus seiner Manteltasche holt er eine Spritze, hält sie sich vor die Augen, um die Eichmarkierungen zu sehen. Er füllt die Ampulle zu einem Viertel mit Luft und befeuchtet dann die Sechzehner-Nadel mit der Zunge. Fast so kalt, dass sie am Metall festfriert. Er lässt ein Bläschen Spucke an der Spitze zurück und kramt in seiner anderen Tasche nach einem rosa Ball. Er stößt die Nadel in den Ball und drückt den Kolben hinunter. Es fühlt sich an, als würde er durch Haut stechen. Der Ball bläht sich auf, und Treefrog reibt über die neugebildete Rundung. Perfekt. Mit einem schwarzen Stift markiert er die Stelle, an der die Nadel in den Ball eingedrungen ist, sucht in den Tiefen seines Mantels nach einer zweiten Spritze, die bereits mit Kleber gefüllt ist. Die Spritze ist in eine Socke eingewickelt, damit sie warm bleibt. Er streichelt das Gehäuse mit beiden Händen.

Treefrog rammt die zweite Nadel in die Markierung auf dem rosa Ball und stößt ein langsames Pfeifen aus, als er den Kleber in das Gummi hineinpumpt. Es wird eine halbe Stunde dauern, aber durch die Luft und den Kleber bekommt der Ball eine größere Sprungkraft. Weiter unten im Tunnel hört Treefrog ein Grunzen – dreht sich um, sieht aber niemanden.

»Hallo«, sagte er zu der Dunkelheit. »Hallo.«

Er nimmt einen zweiten Ball aus der Tasche, tritt wieder ans Gleis und dreht sich zu der weichen Uhr um. Das Wandbild hat vor Jahren Papa Love gemalt, lange bevor Treefrog in den Tunnel kam. Die Uhr – grau und schwarz, drei Meter hoch, direkt unter dem Gitter, um das Licht einzufangen – ist geschwungen wie die Taille einer Frau. Daneben ist die Wand von einer trunkenen Zeile roter Graffiti durchschnitten. Eine Horde von Jugendlichen war im Sommer mit Sprühdosen runtergekommen. Treefrog hat sie von seinem Nest aus beobachtet. Ihre Baseballmützen waren nach hinten gedreht. Sie hielten sich dicht aneinander gedrängt und hatten Schiss. Nachdem sie die Wände besprüht hatten, ließen sie ihre leeren Dosen am Tunnelrand stehen. Aber Papa Loves Wandbilder haben sie nicht angerührt. Sie haben sogar bei der Hütte des Alten an die Tür geklopft, aber Papa Love hat nicht aufgemacht. Das hat er noch nie getan, und er wird es auch nie tun.

In dem Rundhorizont von Schnee wirft Treefrog den Ball gegen die Wand, seine schwarzen Haare und sein langer Bart wirbeln um ihn herum. Er schlägt den Ball zuerst mit der Rechten, dann mit der Linken – es gibt Regeln bei diesem Spiel: Er muss für Ausgewogenheit sorgen, die Symmetrie wahren, nie ungleichmäßig schlagen. Wenn er zweimal mit der Linken schlägt, dann muss er auch zweimal mit der Rechten schlagen. Wenn er mit der Mitte der rechten Handfläche schmettert, dann muss er danach mit der Mitte der linken Handfläche aufschlagen. Er konzentriert sich auf den rosa Ball, der von dem Wandbild zurückhüpft. Am liebsten trifft er ins Herz der weichen Uhr, wo der Zeiger auf vier hängen geblieben ist.

Der Ball saust in die Wand und wieder heraus.

Treefrog wird allmählich warm, und er denkt an nichts anderes, als den Ball in der Luft zu halten, Aufschlag von unten, von oben, aus Brusthöhe, aus Schenkelhöhe, über dem Kopf, es ist pure Schlichtheit, Genauigkeit, Beherrschung, im Tunnel, im Lichtkegel, im Schnee.

Er hält den Rhythmus perfekt ein, spürt, wie die Wärme durch seinen Körper gleitet, spürt ihre Gelöstheit, ihre Großzügigkeit. Ein Schweißtropfen rinnt seinen Unterarm entlang. Er schlägt den Ball zu heftig gegen einen Spalt in der Wand, und er prallt aus der Flugbahn, segelt hinter ihn und landet auf dem zweiten Gleis. In der Ferne hört Treefrog einen Zug, den

69 nach Montreal, ein Ansturm von Lichtern und Metall. Er kommt, laut laut lauter, und das wars für den Ball, weil der Zug ihn schon erfasst hat, und Treefrog dreht sich nicht einmal danach um. Der Ball wird wahrscheinlich im Sog eines Waggons den Tunnel weit hinaufwandern oder zu einem Nichts zerquetscht werden. Das Donnern des Zuges verhallt, als er weiter nach Harlem und noch weiter Richtung Kanada fährt. Treefrog klatscht mit der Faust in die Handfläche der anderen Hand.

»Yo.«

Er späht in die Lichtkegel hinein, die sich durch die Gitter ergießen, und sieht Elijah aus den Schatten treten. Elijah steht auf der anderen Seite der Gleise, mit einer Decke über der Kapuze seines Sweatshirts.

»Gib mir ’n Feuerzeug.«

»Leck mich«, sagt Treefrog.

»Los, Mann, gib mir ’n Feuerzeug.«

»Wozu?«

»Ich frier mir ’n Arsch ab. Gib mir ’n Feuerzeug.«

»Läuft dein Ofen wieder nicht?«

»Natürlich läuft mein Ofen. Ich will ne verdammte Zigarette rauchen.«

Elijah zieht die Kapuze herunter, sodass ein langer roter Schnitt in seinem Kiefer sichtbar wird.

»Was denn mit dir passiert?«, fragt Treefrog.

»Nichts.«

»Hat dich jemand aufgesäbelt?«

»Was geht dich das an, du Wichser?«

Treefrog zuckt die Achseln. »Nur so gefragt.«

»Frag nicht. Ist nichts passiert. Okay? Gib mir ’n Feuerzeug.«

Treefrog holt den zweiten Ball aus seiner Tasche und schneidet ihn seitlich an, sodass er in einem Bogen von der

Wand zurückkommt. Als er erneut ausholt, kichert er: »Was gibst du mir dafür?«

»Ich geb dir ne Kippe.«

»Drei«, sagt Treefrog, und der Ball wird sachte mit der anderen Hand gegen die Wand gelenkt.

»Zwei.«

»Vier.«

»Okay, drei, zum Teufel!«

»Zeigen«, sagt Treefrog.

Elijah lässt die Decke zu Boden fallen, greift tief in die Tasche seines Sweatshirts und holt eine Packung Menthol-Zigaretten raus. Er klopft auf die Packung, und drei Zigaretten kommen zum Vorschein.

Treefrog lässt den Ball in krummen Winkeln über den Kies tanzen, ganz nach hinten zu dem zwei Meter hohen Wandgemälde von Martin Luther King. Er holt sechs Plastik-Feuerzeuge aus seiner Manteltasche, breitet sie auf beiden Handflächen aus und sagt: »Wähl dein Gift, Elijah.«

Eine einzige flinke Bewegung, und das orange Neon-Feuerzeug verschwindet von Treefrogs Handfläche, drei Zigaretten weniger im Päckchen, und Elijah ist schon wieder auf dem Weg zu seinem Verschlag im südlichen Teil des Tunnels.

Treefrog steckt sich die Zigarette in den Mund, macht sein Feuerzeug an. Ein Batzen Schnee landet auf seiner Wange, und er sagt laut, der Symmetrie, dem Gleichgewicht zuliebe: »Unterirdischer Schnee.«

Auf der Suche nach dem letzten Schrei

Carl Van Vechten

Die Stadt New York ist schwer zu beschreiben oder zu begreifen, außer durch das Paradoxon, und deshalb ist es vielleicht für den geneigten Leser befriedigender, wenn er diese Metropole instinktiv erfühlt, als wenn er versucht, sie zu verstehen. Oft sind einige der mildesten Tage des Jahres im Januar und Februar. An den Zweigen der Bäume im Central Park sind die Knospen fast schon dabei aufzuplatzen, und die Vögel kommen in Versuchung, aus dem Süden zurückzukehren. Die Temperatur steigt so sehr, dass man in Schränken nach Ventilatoren und leichter Bekleidung sucht, aber kaum hat man sie gefunden, läutet ein vorüberziehendes und abstruses Lüftchen eine weitere Winterwoche ein. Schnee oder Regen oder Sonne mögen folgen: Es gibt keinen Erfahrungswert, nach dem man es vorhersagen könnte. Einige der kältesten Tage fallen wahrscheinlich in den Juni oder den Juli. Es ist seltsam, dass die Amerikaner nie die englische Angewohnheit, einen Regenschirm bei sich zu tragen, übernommen haben, denn New York ist durchaus imstande, selbst am mildesten Tag einen überraschenden Schauer zu liefern. Scheint in New York jedoch an einem kalten oder warmen Tag die Sonne, so ist das Herz glücklich, und es ist wahrscheinlich, dass dort die Sonne öfters scheint als in jeder anderen Stadt der Welt.

Die physischen Veränderungen in dieser Stadt sind sogar noch erstaunlicher als die atmosphärischen. Alle Städte verändern sich im Lauf der Zeit, aber sie verändern sich langsam. In Rom können wir die Entwicklung dieser Veränderungen während der letzten zweitausend Jahre verfolgen, wobei jedes Jahrhundert ein Souvenir hinterlassen hat. Gewiss ist das mittelalterliche Paris verschwunden, und es finden sich sogar vom achtzehnten Jahrhundert relativ wenig Spuren im London unserer Tage, aber was in diesen beiden Städten zerstört und aufgebaut wurde, fand in einem zurückhaltenden und überschaubaren Maße statt. New York hingegen befindet sich in einem andauernden Zustand der Veränderung. Könnte man eine Stadt mit einer Flüssigkeit vergleichen, so könnte man ohne Übertreibung sagen, dass New York flüssig ist: Es ist in Bewegung. Verlassen Sie die Stadt für eine Woche, und Sie werden bei Ihrer Rückkehr Veränderungen feststellen. Es ist gut möglich, dass Sie Ihren Anwalt oder Ihre Bank aufsuchen wollen und dann feststellen müssen, dass die ehemaligen Gebäude, in denen diese ihre Geschäfte abwickelten, zugunsten eines tiefen Lochs im Erdboden verschwunden sind. Andererseits kann ein neuer, schimmernder Wolkenkratzer mit fünfzig oder mehr Stockwerken irgendwo anders vor Ihnen erstehen, bevor Sie überhaupt die erforderlichen Erdarbeiten bemerkt haben. Es ist in New York durchaus möglich, ein Apartment mit einer herrlichen, unbeschränkten Sicht und viel Sonne im vierunddreißigsten Stock anzumieten, um noch vor Ablauf eines Jahres feststellen zu müssen, dass sowohl Sicht als auch Sonne von einem höheren Nachbarn versperrt werden. Es ist sogar möglich, in einer kleinen, engen Straße zu wohnen, die plötzlich aufgrund einer Laune des Stadtrats größer und breiter wird. Seit einem Vierteljahrhundert oder länger bekannte Hoch- und Straßenbahnen sind, wie man weiß, manchmal innerhalb einer Woche verschwunden.

Selbst ein New Yorker Taxifahrer – und die New Yorker Taxifahrer sind für ihren Charme, ihren Witz und ihre Intelligenz berühmt – könnte nicht der Hoffnung verfallen, auf dem neuesten Stand zu sein, was Hotels, Theater und Restaurants betrifft. In viktorianischen Tagen rückten Wahrzeichen wie das Delmonico's & Martin's alle zehn Jahre in nördliche Richtung, das Harrigan-Theatre verwandelte sich in das Mansfield und dann in das Garrick. Heute ereignen sich diese Veränderungen schneller. Noch bevor der letzte Stein des alten Waldorf Astoria abgetragen worden war, erhob sich auf der Park Avenue ein neues Waldorf Astoria. Stanford Whites Madison Square Garden, mit seiner berühmten Nachbildung des Giralda-Turmes auf dem Madison Square, ist durch einen Madison Square Garden auf der Eighth Avenue ersetzt worden. Maxfield Parrishs Wandgemälde, das Old King Cole darstellt und noch vor Kurzem die Bar des Knickerbocker Hotel zierte, ist in den Racket Club gebracht worden, aber was aus der *Diana* von Saint-Gaudens geworden ist, scheint niemand zu wissen. Berühmte alte, der dramatischen Kunst gewidmete Theater werden über Nacht zu Kinos, und neue Theater schießen an jeder Ecke in die Höhe. Nur selten behält ein Hotel sein Prestige oder seine Kundschaft über einen längeren Zeitraum, und wenn ein Freund anruft, um zu sagen, dass er im New Neptune abgestiegen ist, von dem man noch nie etwas gehört hat, so weiß er zumindest, dass es der letzte Schrei in Sachen Hotel ist. Man muss nach der Adresse fragen, damit man sie dem Taxifahrer geben kann, denn er wird sie wahrscheinlich nicht kennen. Wahrscheinlich hat sogar die Telefongesellschaft die Nummer nicht, und wenn sie sie hat, wird sie sich geändert haben. Früher waren Bryant, Gramercy, Riverside, Columbus, Stuyvesant, Chelsea und einige andere einfache Namen, die an New Yorker Familien und Örtlichkeiten erinnern, noch Teile von Telefonnummern. Heute vergeht kaum ein

Tag, an dem nicht irgendeine fantastische Bezeichnung wie Lifeguard, Volunteer, Caledonia, Eldorado, Medaillon, Galsworthy oder Nightingale dieser Liste hinzugefügt wird. Es ist nicht auszuschließen, dass es in New York mehr Telefone als Menschen gibt. Wie die Restaurants – und viele Flüsterkneipen sind Restaurants – kommt diese oder jene Flüsterkneipe, dieser oder jener Schwarzbrenner in oder aus der Mode. Einen Monat lang trinkt man den Gin von dem einen, im nächsten den von einem anderen. Ein Schwarzbrenner muss außergewöhnliche Qualitäten haben, um seine Kundschaft über einen längeren Zeitraum zu behalten. Es ist nun nicht so, dass die New Yorker launischer sind als die Einwohner einer anderen Stadt, sondern dass sie nicht homogen existieren. Wenn sie 1927 diesem Konzertkünstler applaudieren und ihn 1928 links liegen lassen, wenn sie ihren 1915er Corton 1929 auf der Sixth Avenue kaufen und 1930 auf der Lexington Avenue, liegt das nicht daran, dass sie vergesslich sind, sondern dass es größtenteils vollkommen andere Leute sind, die von London oder Chicago zugezogen sind, während die New Yorker, die vor einem Jahr hier gelebt haben, nach Afrika, Palm Beach und China gegangen sind. Es ist außerdem klar, wie Paul Morand so klug bemerkt hat, dass in New York das Neue immer schöner und besser ist als das Alte. Diese Bemerkung mag für die Bewohner von Brügge oder Segovia nicht verständlich sein, aber dennoch ist sie zutreffend.

Die Geräusche und Gerüche hingegen sind in New York konstanter. Es ist fast unmöglich, während irgendeiner Jahreszeit oder in irgendeinem Stadtteil dem Geräusch von Sprengungen zu entrinnen, die einen daran erinnern, dass Manhattan genauso wie die Römisch-Katholische Kirche auf Granit gebaut ist, oder dem Lärm von Stahlbauarbeiten, bei denen die Träger durch erhitzte Nieten miteinander verbunden werden. Manchmal sind diese Geräusche bedrohlich und ohrenbetäubend, manchmal sind sie dumpfes, fernes Getöse, aber ihre Dauerhaftigkeit ist gesichert. Dies gilt auch für das Rumpeln der Hochbahn, für das Klingeln der Straßenbahnglocken, für das Gellen der Taxihupen, für die Explosionen von Autoauspuffgasen, für die im Allgemeinen unbeachteten, allabendlichen Rufe: »Extrablatt!«, die eine weitere Ausgabe der Boulevardblätter ankündigen, für das Lied aus dem Radio, *Crying for the Carolines,* das man durch so viele offene Fenster oder durch die dünnen Fußböden oder brüchigen Wände von Apartmenthäusern hören kann, für das Klappern des Dampfes in kalten Heizkörpern, für Rudy Vallee und Duke Ellington, und am frühen Morgen für das Scheppern von Abfalleimern, die die Müllmänner an Backsteinwände stoßen, oder für das Klirren der Milchflaschen auf Zement. Dies sind nur ein paar der vorherrschenden zeitgenössischen New Yorker Geräusche, wobei die meisten vor zwanzig Jahren noch nicht existiert haben und von denen viele im Jahre 1950 zugunsten neuer Geräusche verschwunden sein werden.

Die Gerüche sind subtiler. Der verwehte Duft des Pferdemists, der in den 1890er-Jahren so allgegenwärtig war, ist natürlich vom Benzingeruch verdrängt worden. Die anderen Gerüche New Yorks hängen von der Gegend oder der Jahreszeit ab: Im Sommer ist es der Geruch des heißen Asphalts, der eindeutige Duft von Chop Suey und gelegentlich sogar von erhitztem Opium auf dem Broadway und seinen Nebenstraßen; im Winter ist es das Aroma gerösteter Kastanien; in Theatern, Kirchen und Restaurants ist es der vermischte Duft von Guerlain, Houbigant, Hudnut und kaltem Tabakrauch.

Die »Sehenswürdigkeiten« von New York ändern sich ständig: McGowan's Pass Tavern, Jack's, Shanley's und Rectors sind alle verschwunden, während das neue Casino im Central Park mit dem alten nicht einmal ein Wort wechseln würde. Die Brooklyn Bridge ist immer noch zu sehen, aber der Hudson-Tunnel ist ein aktuelleres Wunderwerk. Das schwarze Harlem hat Chinatown und die Bowery im Herzen derjenigen ersetzt, die nächtliche Zerstreuung suchen. Das Woolworth-Gebäude, einst das achte Weltwunder, ist nicht mehr einzigartig oder an erster Stelle. Wolkenkratzer sind überall aus dem Boden geschossen – und werden andauernd errichtet –, sodass New York in der abendlichen Dämmerung wie ein größeres und funkelnderes San Gimignano aussieht, in dem die Maschinengewehrschlachten der Gangster an die mittelalterlichen Auseinandersetzungen zwischen den Guelfen und den Ghibellinen erinnern.

New York, mon amour

Simone de Beauvoir

2. *Februar.* Ich setze meine Forschungsreise fort, zu Fuß, im Taxi, auf dem Oberdeck der Autobusse, in der U-Bahn. Die U-Bahn ist schnell, aber ich habe sie nicht gern. In Paris, in Madrid und London ist eine Station eine Fayencehalle mit ihren Verzierungen, ihren Pforten, ein geschlossener, warmer Raum; hier sind die unterirdischen Bahnhöfe gleichförmig, ohne eigentliche Dimension, ein Nebeneinander von Gleisen, Bahnsteigen – zwischen nackten Mauern, unter einer niedrigen dunklen Decke. Keine Beamten, nur am Eingang der langen Korridore ein kleiner Kiosk, wo man Geld wechseln und sich die ortsüblichen Nickel beschaffen kann. Fast keine Richtungstafeln; zum Glück gibt es in Manhattan nur eine Fahrtrichtung, von der oberen in die untere Stadt. Zwischen dem Hudson und dem East River muss man Autobusse nehmen. Sie halten an jedem zweiten Block, ein angenehmes, aber langsames Beförderungsmittel.

Ich bin zur Spitze des Empire State Building hinaufgefahren. Die Fahrkarten kauft man im Parterre in einem Büro, das wie ein Reisebüro aussieht. Ein Dollar, zweimal so teuer wie ein Sperrsitz im Kino. Zahlreiche Besucher, fraglos Leute aus St. Louis und Cincinnati. Man führt uns zu den *expresslifts*, die ohne Halt bis zur achtzigsten Etage fahren. Dort muss man umsteigen, um bis zur Spitze zu gelangen: eine wahre Himmelsreise. Durch eine Vorhalle hindurch, in der Empire State Buildings en miniature und andere Andenken verkauft werden, gelangt man in eine große, mit Scheiben versehene Halle. Dort ist eine Bar mit Tischen und Sesseln. Die Leute drücken ihre Nasen an die Scheiben. Trotz des heftigen Winds trete ich ins Freie und mache die Runde um diese Galerie, die mehrmals im Jahr Schauplatz sensationeller Selbstmorde ist. Ich sehe Manhattan, eng zusammengedrängt im Süden auf der Spitze seiner Halbinsel und sich nach Norden zu verbreiternd. Ich sehe Brooklyn, Queens, Staten Island, das Meer und seine Inseln, ich sehe das von Gewässern zerfressene Festland, durch das zwei Flüsse sich langsam ihren Weg bahnen. Die geografische Zeichnung ist so klar, das Leuchten des Wassers zeichnet sich mit solcher Deutlichkeit von der festen Erde ab, dass die Häuser in Vergessenheit geraten. New York erscheint mir wie ein Stück unseres jungfräulichen Planeten. Die Flüsse, die Inselkette, die Krümmungen der Halbinsel gehören der Vorgeschichte an. Das Meer ist zeitlos, die schnurgeraden Straßen dagegen machen in ihrer Naivität einen ungemein jugendlichen Eindruck. Diese Stadt ist soeben erst geboren worden – eine leichte Rinde auf Felsen, die älter sind als die Sintflut. Aber wenn von Bronx bis zur Battery, von New Jersey bis Brooklyn die Lichter angehen, sind Meer und Himmel nur noch Hintergrund – es gibt nur noch diese Stadt, in der der Mensch seine Herrschaft errichtet hat, und diese ist die Wahrheit der Welt.

Ich bin in die Tiefen der Stadt hinabgestiegen: Lange irrte ich durch die Kellergeschosse des Rockefeller Center. Das ist eine Welt, so unbegrenzt wie die Souks in Fes, und der Wirrwarr ist auch kaum geringer. Lange Korridore, Kreuzwege mit Rolltreppen, Läden, Banken, Büros, Cafés, eine Post, eine Telefonzentrale, Friseursalons, Restaurants. Mehr als einmal ertappe ich mich dabei, dass ich im Kreis herumgelaufen bin. Zwischen den Gebäuden, in Höhe des Kellergeschosses und tiefer gelegen als die Stadt, liegt eine Eisbahn unter freiem Himmel, Passanten beugen sich über ein Geländer, um den Schlittschuhläufern von oben zuzusehen; man kann ihnen auch von einem Café aus zuschauen, das auf gleicher Höhe mit der Eisbahn liegt, und eine *ice-cream* dazu verzehren.

Ich habe die Galerien der 57. Straße besucht, die etwa unserer Rue de la Boétie entspricht: Antiquitäten, Luxusgeschäfte, Kunstgegenstände. Aber die meisten Ausstellungssäle liegen nicht zu ebener Erde, sondern im zehnten oder zwölften Stock. Viele französische Maler: Masson, Picasso, Dubuffet. Die abstrakte Malerei scheint bei den Amerikanern immer noch in hohem Ansehen zu stehen. In der jungen Bildhauerei lebt der Surrealismus weiter. Er hat seinen Mittelpunkt in der Galerie Peggy Guggenheim, die der Architekt Kisler entworfen hat. Diese Galerie ähnelt keiner anderen: der äußere Rahmen ist wichtiger als die Kunstgegenstände selbst. Die Vögel von Brancusi, die Frauen von Lipchitz ruhen nicht auf Sockeln, sondern auf Holzgestellen, die an von der Decke herabhängenden Seilen befestigt sind: man denkt an Takelwerk, Mastkorb, Schiff. Die Bilder von Chirico, Max Ernst, Dalí, Tanguy, Miró hängen nicht an der Wand, sondern stehen auf Staffeleien oder auf dem Fußboden zwischen Stühlen und Hockern, die aus dem Kabinett des Dr. Caligari stammen. Man könnte meinen, die Kunstgegenstände seien dazu da, dieses eigenartige Palais auszuschmücken, und dieses sei nicht dazu da, jenen zu dienen: das verleiht ihm einen ungewohnten Reiz. Neben den Skulpturen und Bildern gibt es allerlei merkwürdige Dinge: Flaschen, die mit Muscheln übersät sind, ein großes Schiffssteuerrad, das beim Drehen eine ganze Serie von Bildern von Duchamp erscheinen lässt. Es ist eine surrealistische

Ausstellung in beschränktem Rahmen, mit ihren Possen und ihren kleinen Wundern.

Natürlich wollte ich Harlem kennenlernen. Dies ist nicht das einzige Negerviertel von New York. Es gibt eine bedeutende schwarze Gemeinde in Brooklyn, vier oder fünf kleine Distrikte in Bronx, einen weiteren, Jamaica genannt, in Queens und noch ein paar andere am Stadtrand; im Stadtkern von New York selbst findet man hier und dort Viertel, wo Negerfamilien wohnen. Bis 1900 lag das bedeutendste Negerviertel von New York – von Brooklyn abgesehen – in der Nähe der 57. Straße West. Ursprünglich waren die Häuser von Harlem für weiße Mieter erbaut worden. Aber zu Beginn des Jahrhunderts waren die Beförderungsmittel unzureichend, und die Hauseigentümer hatten Mühe, ihre Häuser, soweit sie im Osten des Viertels lagen, zu vermieten. Einer Anregung des farbigen Immobilienhändlers Philip A. Payton folgend, machte man den Negern den Vorschlag, in die Wohnungen der 134. Straße zu ziehen. Zwei Grundstücke wurden auf diese Weise bezogen, und bald waren es mehr. Anfänglich bemerkten die Weißen diese Invasion von Farbigen gar nicht, und als sie versuchten, sie abzustoppen, war es bereits zu spät. Nach und nach mieteten die Neger alle verfügbaren Wohnungen und begannen, die Privathäuser zwischen Lenox und 7. Avenue aufzukaufen. Nun zogen die Weißen aus: kaum wurde der Einzug einer Negerfamilie in einem Häuserblock gemeldet, ergriffen alle Weißen die Flucht wie vor der Pest. Bald hatten die Neger den ganzen Distrikt besetzt. Es entstanden soziale und bürgerliche Einrichtungen – eine Negergemeinde war im Werden. Vor allem nach 1914 hat Harlem eine bedeutende Ausweitung erfahren.

Diejenigen Franzosen, die das mächtige Amerika auf den Knien anbeten, haben noch unterwürfiger als selbst die Amerikaner alle Vorurteile in sich aufgenommen. Einer von ihnen sagte mir: »Wenn Sie wollen, fahren wir im Auto durch Harlem. Man *kann* im Auto durch Harlem fahren, vor allem aber: gehen Sie nicht zu Fuß!« Und ein etwas Beherzterer: »Wenn Sie durchaus Harlem sehen wollen, verlassen Sie auf keinen Fall die großen Avenuen. Wenn etwas passiert, können Sie immer noch in die U-Bahn flüchten. Vor allem aber: Vermeiden Sie die kleinen Straßen.« Und man erzählte mir mit Schaudern, dass man im Morgengrauen erdolchte Weiße in den Abflussrinnen finde. Ich bin in meinem Leben schon an so vielen Orten gewesen, von denen die »Wohlgesinnten« behaupteten, dort könne man nicht hingehen, dass ich mich nicht allzu sehr beeindrucken ließ: kurz entschlossen machte ich mich auf den Weg nach Harlem.

Ja, ich ging nach Harlem, aber meine Schritte waren nicht so sorglos wie sonst. Es handelte sich nicht nur um einen Spaziergang, sondern um eine Art Abenteuer. Eine Kraft zog mich rückwärts, eine Kraft, die von den Grenzen der Negerstadt ausging und meine Schritte hemmte: die Furcht. Nicht meine eigene: die der anderen, die Furcht aller dieser Weißen, die sich nie nach Harlem wagen und die im Norden ihrer Stadt die Gegenwart einer riesigen, geheimnisvollen, verbotenen Zone fühlen, in der sie zu Feinden werden. Ich biege um die Ecke einer Avenue und empfinde einen Schock im Herzen: In einem einzigen Augenblick hat sich das Bild der Landschaft geändert. Man hatte mir auch gesagt: »Es gibt nichts zu sehen in Harlem, das ist ein Fleckchen von New York, wo die Leute dunkle Haut haben.« Und wirklich sah ich in der 125. Straße wieder die Kinos, *drugstores*, Läden, Bars und Restaurants der 42. oder der 14. Straße – und doch war die Atmosphäre so verändert, als hätte ich eine Gebirgskette oder einen Meeresarm überquert. Da war auf einmal ein Gewimmel von schwarzen Kindern in leuchtenden Hemden mit roten und grünen Karos, da waren Schulkinder mit gewelltem Haar und braunen

Beinen, die schwatzten am Rand des Gehsteigs; Schwarze dösten auf den Türschwellen, andere wieder schlenderten umher, die Hände in den Hosentaschen. Die entspannten Gesichter schienen nicht einer unsichtbaren Zukunft zugewandt, vielmehr spiegelten sie die Welt wider, wie sie jetzt, in diesem Augenblick, unter diesem Himmel war. Und ich fühlte in mir eine fieberlose Heiterkeit aufsteigen, wie sie mir New York bis jetzt noch nicht gegeben hatte. Wenn ich an einer Straßenecke in Lille oder Lyon plötzlich auf die Canebière gestoßen wäre, hätte ich das gleiche Vergnügen empfunden. Aber dieses In-ein-anderes-Land-Versetztsein hatte nicht nur diese pittoreske Seite: Nichts war erschreckend, aber die Furcht war da. Sie lastete auf diesem großen Volksfest. Als ich den Fahrdamm überschritt, bahnte ich mir den Weg durch eine dicke Schicht von Furcht – Furcht, die mir diese Kinder mit ihren lebendigen Augen einflößten, diese Schüler, diese Männer in hellen Anzügen und diese Frauen mit ihren trägen Bewegungen.

Die 125. Straße ist eine Grenze. Dort sieht man noch einige Weiße. Aber in der Lenox Avenue kein Gesicht, das nicht braun oder schwarz wäre. Niemand schien mich zu beachten. Der äußere Rahmen war der gleiche wie in den Avenuen von Manhattan, und diese Menschen mit all ihrer Gleichgültigkeit und Heiterkeit schienen nicht verschiedener von den Einwohnern von Lexington als die Marseiller von den Lillern. Ja, man *konnte* durch die Lenox Avenue laufen. Ich fragte mich sogar, was ich denn tun müsste, um schreiend in den Schutz einer U-Bahn-Station zu fliehen: Es erschien mir ebenso schwer, hier einen Mord oder eine Vergewaltigung zu provozieren, wie etwa mittags um zwölf mitten auf dem Columbus Circle. In den Köpfen der »Wohlgesinnten« müssen sich merkwürdige Bacchanale abspielen; was mich betrifft, so entmutigt dieser breite, friedliche und fröhliche Boulevard meine Einbildungskraft. Ich warf einen Blick in die kleinen Straßen, deren kleinbürgerliche Ruhe kaum durch ein paar Kinder auf Rollschuhen gestört wurde; die Kinder sahen nicht gefährlich aus.

Ich lief durch die großen Avenuen und die kleinen Straßen. Wenn ich müde war, setzte ich mich in die Anlagen. In Wahrheit konnte mir gar nichts zustoßen, und wenn ich mich nicht restlos sicher fühlte, dann nur wegen der Furcht im Herzen der Menschen, die meine Hautfarbe haben. Wenn ein reicher Bourgeois, der sich in eine ausgehungerte Vorstadt wagt, Furcht empfindet, so ist das natürlich. Er bewegt sich in einer Welt, die der seinigen feind ist und sie eines Tages besiegen wird. Aber Harlem hat seine vollkommene Gesellschaftsordnung mit seinen Bürgern und Proletariern, seinen Reichen und seinen Armen, die sich nicht in einer revolutionären Aktion zusammengeschlossen haben, die wünschen, sich völlig in Amerika einzuleben, und nicht, es zu zerstören. Diese Neger werden nicht plötzlich die Wall Street überschwemmen, sie sind keine unmittelbare Bedrohung. Die unsinnige Furcht, die sie auslösen, kann nur die Kehrseite eines Hasses und einer Art von Gewissensbissen sein. Im Herzen von New York gelegen, lastet Harlem auf dem guten Gewissen der Weißen wie die Erbsünde auf dem Gewissen eines Christen. Unter den Menschen seiner Rasse ist Gutmütigkeit, Wohlwollen und Freundschaft der Traum jedes Amerikaners, und er setzt seine Tugenden sogar in die Praxis um; aber sie sterben an den Rändern von Harlem. Der mittlere Amerikaner, so darauf bedacht, mit sich und der Welt im Einklang zu sein, weiß, dass er jenseits dieser Grenze die widerwärtige Figur des Unterdrückers, des Feindes abgibt – und das jagt ihm Furcht ein. Er fühlt sich gehasst und hassenswert: Dieser Stachel in seinem konzilianten Herzen ist unerträglicher als eine fest umrissene äußere Gefahr. Es hat in Harlem weniger Verbrechen gegeben als in der Gegend der Bowery. Diese Verbrechen sind nur ein Symbol, nicht das Symbol dessen, was passieren könnte, sondern dessen, was passiert, was passiert ist: Hier sind Minute für Minute Menschen die Feinde anderer Menschen. Und alle Weißen, die nicht den Mut haben, Bruderschaft zu wollen, versuchen diesen Riss im Herzen ihrer Stadt zu leugnen, Harlem wegzuleugnen und zu vergessen – Harlem ist keine Drohung für die Zukunft, Harlem ist eine Wunde in der Gegenwart, ist eine verfluchte Stadt – die Stadt, in der sie verflucht sind: und ihre Furcht ist, sich selbst an den Straßenecken zu begegnen. Und weil ich eine Weiße bin, lastet dieser Fluch auch auf mir – was ich auch denken, sagen oder tun mag. Ich wage nicht, den Kindern in den Anlagen zuzulächeln, ich fühle mich nicht berechtigt, durch die Straßen zu bummeln, in denen die Farbe meiner Augen Ungerechtigkeit, Hochmut und Hass bedeutet.

Dieses seelische Missbehagen ist, weit mehr als die Ängstlichkeit, der Grund, weshalb ich glücklich bin, dass mich heute Abend Richard Wright ins Savoy begleitet; ich werde mich weniger verdächtig fühlen. Er holt mich im Hotel ab, und ich bemerke, dass man ihn in der Lobby ohne Wohlwollen betrachtet: Würde er hier ein Zimmer bestellen, es würde ihm fraglos verweigert werden. Wir essen in einem chinesischen Restaurant zu Abend, denn wahrscheinlich würde man uns in einem *uptown*-Restaurant nicht bedienen. Wright lebt mit seiner Frau – einer Weißen aus Brooklyn – in Greenwich. Sie erzählt mir: Wenn sie mit ihrem Töchterchen in ihrem Viertel spazieren geht, so bekommt sie täglich die unfreundlichsten Bemerkungen zu hören. Und während wir nach einem Taxi Ausschau halten, werfen Männer feindselige Blicke auf diesen Neger, der in Gesellschaft von zwei weißen Frauen ist; Chauffeure weigern sich ostentativ, unseren Anruf zu beachten. Wie könnte ich nach alldem noch die Fiktion aufrechterhalten, dass ich mich seelenruhig unter die Bevölkerung von Harlem mischen würde? Ich fühle in mir jene Versteifung, die immer das Zeichen eines schlechten Gewissens ist. Während Wright sich am Eingang des Savoy um Eintrittskarten bemüht, werden wir – Ellen und ich – von zwei Seeleuten angesprochen, so wie in der ganzen Welt Seeleute vor einem *dancing* Frauen ansprechen; aber ich fühle mich so geniert wie nie zuvor in meinem Leben – ich werde notgedrungen beleidigend oder zweideutig sein: Allein meine Anwesenheit hier ist eine Zweideutigkeit. Mit einem Wort, einem Lächeln bringt Wright alles wieder in Ordnung. Einem Weißen wäre gerade dieses Wort, dieses Lächeln nicht geglückt – die Intervention eines Weißen hätte, auch wenn sie einfach und natürlich gewesen wäre, meine Verlegenheit nur noch gesteigert. Leichten Herzens steige ich die Stufen empor: die Freundschaft Richard Wrights, seine Gegenwart sind heute Abend für mich so etwas wie eine Absolution.

Das Savoy ist ein großes amerikanisches *dancing*, ohne jede Besonderheit. Auf der einen Seite ist die Tanzfläche abgegrenzt durch eine Wand, an der das Orchester sitzt; auf der anderen Seite sind Nischen mit Tischen und Stühlen, dahinter liegt eine Art *hall*, nicht unähnlich der Lobby eines Hotels. Der Boden ist mit einem Teppich bedeckt, und Leute mit gelangweilten Gesichtern sitzen auf Sesseln – das sind Gäste, die nichts verzehren. Sie entrichten nur den Eintrittspreis, und zwischen den Tänzen sitzen die Frauen als Mauerblümchen herum wie bei einem Ball auf der Präfektur. Wir nehmen in einer Nische Platz, und Wright stellt eine Flasche Whisky auf den Tisch. Whisky wird hier nicht serviert, aber der Gast darf welchen mitbringen. Wir bestellen Soda, wir trinken und sehen uns um. Kein weißes Gesicht. Obwohl man in dieses Lokal ebenso gut gehen kann wie durch die Lenox Avenue, wagen sich doch nur einige wenige Jazzenthusiasten und Fremde hierher. Die meisten Frauen sind jung, sie tragen einfache Röcke und kurze Pullover, aber ihre Schuhe mit hohen Absätzen verraten bisweilen einen verschrobenen Geschmack; die mehr oder weniger dunkle Tönung ihrer Haut kleidet ihre nackten Beine besser als Nylonstrümpfe. Viele sind hübsch, vor allem aber machen alle einen lebendigen Eindruck – welch ein Unterschied zu der kalten Aufgeblasenheit der weißen Amerikaner! Und wenn man diese Männer tanzen sieht, deren animalisches Leben nicht unter einem Panzer puritanischer Tugend erstickt worden ist, begreift man, in welchem Umfang sexuelle Eifersucht den Hass nährt, den die weißen, schwerfälligen Amerikaner den Negern gegenüber empfinden. In Wirklichkeit ist der Prozentsatz der Lynchmorde, die ein sexuelles Motiv zum Vorwand nehmen, sehr klein. Aber hartnäckig glauben und sagen die Weißen, dass die Neger hinter den weißen Frauen mit der ganzen Geilheit von wilden Tieren her sind – aber auch damit tarnen sie eine ganz andere Furcht: die Furcht, dass die weißen Frauen »bestialisch« von den Negern angezogen werden; sie sind selbst fasziniert von der Liebesfähigkeit, die sie den Negern unterstellen. Ihr Neid erstreckt sich aber noch weiter. Grollend sagen sie: »Diese Leute sind freier und glücklicher als wir.« Es ist etwas Wahres an dieser Behauptung. Wie viel Heiterkeit, Freiheit und Leben schwingt in dieser Musik, in diesem Tanz! Das berührt mich umso stärker, als dieses große *dancing* etwas Gemütliches und Alltägliches hat. Wenn in der Rue Blomet in Paris die Neger mitten unter den Weißen tanzen, sind sie zu selbstbewusst; vor allem bei den Frauen hat die Zügellosigkeit der Gesten etwas Provozierendes, das leicht ins Obszöne ausartet. Hier sind sie unter sich, sie suchen keinerlei Effekthascherei. Viele dieser jungen Frauen gehören gesitteten Familien an und gehen ohne Frage am Sonntagmorgen in die Kirche. Sie haben den ganzen Tag gearbeitet und suchen hier in Gesellschaft ihrer Freunde eine harmlose Zerstreuung. Sie tanzen so einfach, wie es ihrem Naturell entspricht; um sich so vollkommen von der Musik und dem Jazzrhythmus einfangen zu lassen; es ist die gleiche Entspannung, ohne die es keine Träume und keine Rührung gibt, kein zielloses Dahinschlendern und kein Lachen, und die die meisten weißen Amerikaner nicht kennen. Wohlverstanden, die Rasse-Ideologen argumentieren: Warum die Lebensbedingungen der Neger ändern, wenn sie freier und glücklicher sind als wir? Dieses alte Argument ist bei kapitalistischen Arbeitgebern und Pflanzern sehr beliebt – immer sind es die Arbeiter, die Eingeborenen, die am freiesten und glücklichsten sind. Wenn aber dem Unterdrückten der Götzendienst des Unterdrückers fremd ist, so genügt dieses Privileg noch nicht, die Unterdrückung zu rechtfertigen.

Ich höre den Jazz, sehe den Tanz, trinke Whisky; ich fange an, den Whisky lieb zu gewinnen. Ich fühle mich wohl. Das Savoy ist das größte *dancing* von New York, das heißt: das größte der Welt. In dieser Behauptung liegt etwas, das dem Geist Genugtuung verschafft. Und dieser Jazz ist vielleicht der beste der Welt; jedenfalls kann er nirgendwo seine vollkommenere Bestätigung finden – er findet sie im Tanz, in den Herzen, in dem ganzen Leben der Menschen, die hier versammelt sind. Wenn ich in Paris Jazz hörte, wenn ich Neger tanzen sah, so war der Augenblick niemals restlos vollkommen, er deutete auf etwas anderes, auf eine abgeschlossenere Wirklichkeit, deren ungestimmter Abglanz er nur war – er deutete gerade auf diese Nacht. Hier stoße ich auf etwas, das auf nichts anderes, nur auf sich selbst hindeutet: Ich bin aus der Höhle hervorgekommen. Mitunter habe ich in New York jenes Vollgefühl empfunden, das die Betrachtung einer reinen Idee dem befreiten Herzen schenkt: Dies ist das größte Wunder dieser Reise, und nie war es leuchtender als heute.

Harlem – heißes Pflaster

Chester Himes

»I'm gwine down to de river,
Set down on de ground.
If de blues overtake me,
I'll jump overboard and
drown …«

Big Joe Turner sang eine Rock-'n'-Roll-Version von *Dink's Blues.* Der laute, packende Rhythmus dröhnte so heiß aus der Musikbox, dass die Knochen schmolzen. Wie von Nadeln gestochen sprang eine Frau von ihrem Platz in der Nische auf, eine hagere Schwarze in einem rosa Jerseykleid und roten Seidenstrümpfen. Sie zog ihren Rock hoch und legte einen Shake hin, als ob sie die Nadeln einzeln abschütteln wollte.

Ihre Begeisterung war ansteckend. Andere Frauen sprangen von ihren Barhockern und legten auch los. Die Gäste lachten, feuerten sie an und fingen auch an zu tanzen. Der Gang zwischen der Bartheke und den Nischen war ein Gewimmel sich schüttelnder Körper.

Big Smiley, der hünenhafte Barmann, setzte schlurfend mit einem plattfüßigen Shuffle hinter der Bar ein. Die farbigen Gäste in Harlems Dew Drop Inn, Ecke 129th Street und Lenox Avenue, amüsierten sich blendend an diesem frischen Oktoberabend.

Ein Weißer, der etwa in der Mitte vor der Bartheke stand,

sah dem Treiben zynisch-amüsiert zu. Er war der einzige Weiße im Raum.

Er war groß, über einen Meter achtzig, und trug einen grauen Flanellanzug, ein weißes Hemd und eine blutrote Krawatte. Sein großflächiges, fahles Gesicht und die unreine Haut zeigten Spuren eines ausschweifenden Lebenswandels. Das dichte schwarze Haar hatte graue Strähnen. Zwischen Zeige- und Mittelfinger der rechten Hand hielt er einen erloschenen Zigarrenstummel. Am Ringfinger stak ein Siegelring. Er sah wie etwa vierzig aus.

Es war, als ob die farbigen Frauen ausschließlich zu seiner Unterhaltung tanzten. Eine leichte Röte breitete sich auf seinem fahlen Gesicht aus. Die Musik endete.

Über das Keuchen und Kichern hinweg knarrte eine gefährlich klingende Stimme: »Ich hätt direkt Lust, nem weißen Scheißkerl den Hals abzuschneiden.« Das Gelächter brach ab. Schlagartig wurde es still im Raum.

Der Mann, der gesprochen hatte, war ein dürrer kleiner Bantamgewichtler mit ausgemergeltem Hühnerhals. Seine großen Tage im Ring lagen zwanzig Jahre zurück, graue Bartstoppeln sprossen auf seiner rauen schwarzen Haut. Er trug einen zerbeulten, steifen schwarzen Hut, der schon Alterspatina angesetzt hatte, eine abgewetzte, karierte Jacke über einem Overall aus blauer Baumwolle.

Seine wütenden kleinen Augen glühten rot wie Kohlen. Steifbeinig stelzte er auf den großen weißen Mann zu, ein offenes Stellmesser in der rechten Hand, die Klinge gegen sein blaues Hosenbein gepresst.

Der große Weiße drehte sich zu ihm hin und schaute drein, als wüsste er nicht, ob er lachen oder sich ärgern sollte. Verstohlen wanderte seine Hand zum schweren Glasaschenbecher auf der Bar. »Immer mit der Ruhe, Kleiner, dann wird niemand zu Schaden kommen.«

Der kleine Messerheld blieb dicht vor ihm stehen. »Falls in unserer Gegend ein weißer Scheißkerl auftaucht, der hinter meinen Mädchen her ist, dann schneid ich dem die Gurgel durch«, verkündete er.

»Was denken Sie denn«, sagte der Weiße. »Ich bin Geschäftsmann. Ich verkaufe das gute King-Cola, das ihr Leute hier so gern trinkt. Ich bin nur hier, um meine Kunden zu besuchen.«

Big Smiley trat näher und legte seine schinkengroßen Fäuste auf die Bar. »Hör mal, du böser, böser Junge«, sagte er zu dem kleinen Messerhelden. »Mach meine Gäste nicht runter, nur weil du einen Kopf größer bist als sie.«

»Er will ja keinem was tun«, sagte der große Weiße. »Er will ja nur eine King-Cola zur Entspannung. Geben Sie ihm eine Flasche King-Cola.«

Der Kleine hieb mit seinem Messer nach der Kehle des Weißen und durchtrennte die rote Krawatte mit einem sauberen Schnitt dicht unter dem Knoten.

Der große Weiße fuhr erschrocken zurück. Sein Ellbogen stieß gegen die Kante der Theke, und der Aschenbecher, den er gepackt hatte, flog in ein Fach mit kunstvoll geschliffenen Weingläsern hinter der Bar.

Das Klirren der zersplitternden Gläser ließ ihn nochmals zurückspringen. Die zweite Reflexhandlung erfolgte so schnell auf die erste, dass er dem zweiten Schlag des Messers entging, ohne ihn auch nur wahrzunehmen. Der Knoten seiner Krawatte, der ihm geblieben war, wurde in der Mitte aufgeschlitzt und blühte auf wie eine blutige Wunde vor seinem weißen Kragen.

»… Halsabschneider!«, gellte eine aufgeregte Stimme, als ob sie einem erfolgreichen Torschützen zujubelte.

Big Smiley beugte sich über die Bartheke und packte den Messerhelden mit den rot unterlaufenen Augen an den

Jackenaufschlägen und hob ihn vom Boden hoch. »Gib mir mal das Messer da, Kleiner, bevor ich dich zwinge, es zu fressen«, sagte er gelassen lächelnd, als ob das Ganze ein Witz wäre.

Der Messerheld wand sich in Big Smileys Griff und schlug ihm mit dem Messer auf den Arm. Der weiße Stoff von Big Smileys Jacke platzte wie ein berstender Ballon, und aus dem klaffenden Fleisch unter seiner schwarzen Haut ergoss sich der rote Strom.

Blut spritzte.

Big Smiley blickte auf seinen verletzten Arm. Er hielt den Messerhelden am Kragen seiner Jacke noch immer frei in der Luft. Seine Augen hatten einen überraschten Ausdruck. Seine Nüstern blähten sich. »Du hast mich geschnitten?« Seine Stimme klang ungläubig.

»Ich schneid dich gleich noch mal«, keuchte der Kleine und wand sich in seinem Griff.

Big Smiley ließ ihn los, als ob er glühend heiß geworden wäre. Der kleine Mann landete auf den Füßen und schlug mit dem Messer nach Big Smileys Gesicht.

Big Smiley fuhr rechtzeitig zurück und griff mit der Rechten unter die Theke. Er zog eine Feuerwehraxt mit kurzem Stiel heraus. Der Stiel war rot lackiert, die gebogene Klinge rasiermesserscharf.

Der kleine Messerheld machte einen Luftsprung und hieb wieder nach Big Smiley. Er nahm es mit seinem Messer gegen Big Smileys Axt auf.

Big Smiley parierte mit einem rechten Schwinger der rotstieligen Axt. Die Klinge traf den Arm des Messerhelden mitten im Schlag und trennte ihn unmittelbar unter dem Ellbogen ab, als ob er guillotiniert worden wäre.

Der abgetrennte Arm samt Jackenärmel segelte durch die Luft, besprengte die nächststehenden Zuschauer mit Blutstropfen, landete auf dem Linoleumboden und glitt in eine der Nischen unter dem Tisch, ohne dass die Hand daran das Messer losgelassen hätte.

Der kleine Messerheld landete auf den Füßen, vollführte mit seinem halben Arm immer noch schlagende Bewegungen. Er war zu betrunken, um voll zu erfassen, was geschehen war. Er sah, dass die untere Hälfte seines Arms fehlte; er sah, wie Big Smiley die Axt mit dem roten Stiel schwang. Er dachte, Big Smiley würde noch einmal zuschlagen.

»Wart nur, bis ich meinen Arm finde«, gellte er. »Er hat noch mein Messer in der Hand.« Er ließ sich auf die Knie fallen und tastete mit der Linken auf dem Boden herum, um seinen abgetrennten Arm zu suchen. Das Blut schoss aus dem zuckenden Armstumpf wie aus der Mündung eines Schlauchs.

Dann verlor er das Bewusstsein und fiel flach aufs Gesicht.

Zwei Gäste drehten ihn um. Einer schlang eine Krawatte als Aderpresse um den blutenden Armstumpf, der andere drehte sie mit einem Stuhlbein fest zusammen.

Eine Kellnerin und ein weiterer Gast schlangen ein zusammengedrehtes Handtuch um Big Smileys Arm. Er hatte immer noch die Feuerwehraxt in der rechten Hand und schaute noch immer überrascht drein.

Der weiße Geschäftsmann war auf die Theke geklettert und schrie: »Bleibt alle sitzen, Leute. Jeder geht an seinen Platz zurück und bezahlt die Zeche. Die Polizei ist benachrichtigt und wird sich um alles kümmern.«

Als ob er einen Startschuss abgefeuert hätte, setzte ein Spurt auf die Tür ein.

Als Sonny Pickens auf den Gehsteig hinauskam, sah er den großen Weißen durch eines der kleinen Vorderfenster in die Bar hineinspähen.

Sonny hatte gekifft und war mächtig high. Seinen berauschten Augen erschien der dunkle Nachthimmel leuchtend violett, und die kümmerlichen, rauchgeschwärzten Wohnhäuser sahen für ihn aus wie nagelneue Wolkenkratzer aus erdbeerfarbenen Mauersteinen. Die Neonröhren über den Bars und Billardstuben und billigen Esslokalen brannten wie phosphoreszierendes Feuer.

Aus der Innentasche seiner Jacke zog er einen Revolver aus blauem Stahl, ließ die Trommel rotieren und zielte auf den großen Weißen.

Seine beiden Freunde Rubberlips Wilson und Lowtop Brown sahen ihm verblüfft mit aufgerissenen Augen zu. Doch noch ehe einer der beiden ihn zurückhalten konnte, ging Sonny auf den Fußspitzen balancierend auf den Weißen los.

»He!«, schrie er. »Du bist der Kerl, der hinter meiner Alten her ist.«

Der große Weiße riss den Kopf herum und sah die Waffe. Seine Augen weiteten sich, er wurde käsebleich. »Um Gottes willen!«, rief er. »Sie irren sich! Jeder scheint mich hier mit irgendjemandem zu verwechseln. Warten Sie!«

»Ich denk nicht dran!«, entgegnete Sonny und drückte ab.

Eine orangefarbene Flamme sprühte auf die Brust des großen Weißen zu. Der Knall hallte durch die Nacht.

Sonny und der Weiße hüpften gleichzeitig hoch in die Luft. Beide begannen zu rennen, noch ehe ihre Füße wieder den Boden berührt hatten. Beide rannten geradeaus los. Sie prallten mit voller Geschwindigkeit gegeneinander. Das weit größere Gewicht des Weißen warf Sonny um, und der Weiße rannte über ihn hinweg.

Er bahnte sich einen Weg durch die Menge der farbigen Zuschauer, fegte sie beiseite und rannte quer über die Fahrbahn, mitten durch den Verkehr, ohne sich um die fahrenden Autos zu kümmern.

Sonny sprang sofort auf und raste hinter ihm her. Er rannte

über die Leute hinweg, die der große Weiße umgerissen hatte, und wäre beinahe über die Arme und Beine auf dem Asphalt gestolpert. Er schwankte wie betrunken. Schreie verfolgten ihn, Autoscheinwerfer schossen wie Leuchtspurgranaten auf ihn zu.

Der große Weiße drängte sich zwischen zwei geparkten Wagen hindurch auf den anderen Bürgersteig, als Sonny wieder auf ihn schoss. Der Weiße rettete sich unverletzt auf den Gehsteig und rannte, von den geparkten Wagen gedeckt, nach Süden. Sonny folgte ihm zwischen den Autos hindurch und blieb ihm auf den Fersen.

Die Leute in der Schusslinie vollführten akrobatische Sprünge, um sich in Deckung zu bringen.

Vor den beiden, die Straße hoch, drängten sich Menschen in den Hauseingängen, um zu sehen, was vorging. Sie sahen einen großen Weißen mit wilden blauen Augen und einem roten Krawattenstummel – was aussah, als sei ihm die Gurgel durchgeschnitten –, verfolgt von einem schlanken Schwarzen mit einem großen stahlblauen Revolver in der Hand. Da zogen sie sich schnell aus der Schusslinie zurück.

Hinter den beiden jedoch schlossen sich die Neugierigen der Jagd an. Allen voran war der Weiße. Als Nächster kam Sonny. Rubberlips und Lowtop folgten Sonny auf den Fersen. Hinter ihnen die Zuschauer in lockerer Formation.

An der Ecke der 127th Street rannte der Weiße an einer Gruppe von acht Arabern vorbei. Alle diese Araber hatten dichte, grau durchzogene schwarze Bärte. Alle trugen hellgrüne Turbane, dunkle Brillen und knöchellange weiße Gewänder. Ihre Hautfarbe reichte von Ofenrohrschwarz bis Senfgelb. Sie schwatzten und gestikulierten wie eine aufgeregte Horde von Affen im Käfig. Um sie herum war die Luft mit dem prickelnden Geruch von Marihuana geschwängert.

»Ein Ungläubiger!«, schrie einer der Araber.

Das Schwatzen brach augenblicklich ab. Wie ein Mann drehte sich die Gruppe zu dem Weißen herum.

Der Weiße hörte den Ruf. Aus dem Augenwinkel nahm er die plötzliche Bewegung wahr. Mit einem Sprung verließ er den Gehsteig.

Ein Wagen, der schnell durch die 127th Street kam, bremste mit ohrenbetäubendem Kreischen, um ihn nicht zu überfahren. Im Scheinwerfer wurde sein verzerrtes, schweißbedecktes Gesicht hell erleuchtet. Seine blauen Augen waren schwarz vor Angst, sein grau meliertes Haar in wilder Unordnung.

Instinktiv sprang er gleichzeitig hoch und zur Seite, weg von dem heranrasenden Wagen. Es war ein groteskes Bild, wie er Arme und Beine hochriss.

In diesem Augenblick erreichte Sonny die Gruppe der Araber und feuerte auf den Weißen, noch ehe dessen Füße den Boden wieder erreicht hatten. Die orangefarbene Mündungsflamme warf einen Schein auf Sonnys verzerrtes Gesicht.

Ein Zucken durchlief den Körper des Weißen, dann sackte er schlaff in sich zusammen. Mit gespreizten Gliedern, das Gesicht nach unten, landete er auf dem Pflaster und blieb dort reglos liegen.

Sonny rannte mit der rauchenden Waffe in der Hand zu ihm hin und stand nun im gleißenden Licht der Scheinwerfer. Er sah auf den Weißen hinunter, der mitten auf der Fahrbahn lag, und begann zu lachen. Er bog sich vor Lachen, wedelte mit den Armen, und sein ganzer Körper zuckte.

Lowtop und Rubberlips holten ihn ein. Die acht Araber traten zu ihnen ins Scheinwerferlicht.

»Mann, was ist denn passiert?«, fragte Lowtop.

Die Araber sahen ihn an und begannen zu lachen. Auch Rubberlips fing an zu lachen, schließlich auch Lowtop.

Alle standen sie in dem grellen weißen Licht, schwankten, schüttelten und bogen sich vor Lachen.

Sonny versuchte etwas zu sagen, konnte aber vor Lachen kein Wort herausbringen.

In der Nähe ertönte eine Polizeisirene.

Es gibt kein Chinatown

Djuna Barnes

Zu dritt machten wir uns kürzlich abends auf, um Chinatown zu entdecken. Wir waren tapfer und unerschrocken, wir waren mutig und hegten keinen Zweifel am Mut des anderen, doch die Angst saß uns auf den Fersen und kitzelte uns mit der Vorahnung von Gefahr und schrecklich bösen Dingen, die wir zwar sehen mussten, an denen wir jedoch nicht teilhaben durften – wir erwarteten die krumme Gasse, die von blutroten Laternen erleuchtet war; Balkons, auf denen China vor sich hindöste; hohe, schmale Schilder, die mit Teepäckchen-Buchstaben beschrieben waren; einen Schuss, abgefeuert im Schutz der Nacht; schmale Gässchen, die ins finsterste China führten; Hinterausgänge und Zimmer hinter schweren Vorhängen, in denen halb tote Bündelchen, nur noch gelbe Haut und Knochen, an der Pfeife sogen; Tanzlokale und Teegesellschaften, die seltsame, von Drähten hervorgebrachte Musik oder ein Tomtom wie eine Teakholzmuschel und die fellbespannte Trommel; Mädchen, die innerhalb eines Jahres alt wurden, und Männer, die dem Tod ins Gesicht lachten. Wir drei erwarteten, dass wir im glimpflichsten Falle Chop Suey essen und das Ganze sich zu einem Tong-Krieg zuspitzen würde.

Von Park Row kommend, hielten wir auf die Mott Street

zu – kam da vielleicht zischend ein Feuerball herausgeschossen? Nein! Fuhren uns vielleicht urgewaltige bezopfte Chinesen mit sechs Zoll langen manikürten Fingernägeln an die Gurgel? Machte die chinesische Schrift sich plötzlich selbstständig und rückte unserer Beherztheit mit einer in scharlachrote Tinte getauchten Sandelholztuschbürste zuleibe?

»Ich möchte«, murmelte der Sportredakteur, in Treue fest, »ich möchte eine Laterne sehen. Vor allem möchte ich den Kriegsschrei eines Chinesen hören, und danach möchte ich einen Reiskuchen.«

Es gibt kein Chinatown.

Es gibt ein paar Pyramiden Tee zu einem Vierteldollar das Päckchen. Es gibt ein paar Krämerläden, in denen sich kein Mensch rühren kann, mit seltsamen hoch aufgetürmten Esswaren. Es gibt ein paar wettergebleichte Schilder, die im Wind schlagen. Es gibt ein paar Chinesen – doch nicht einer von ihnen trug eine bedrohliche Waffe; nicht einer trug einen Zopf, kaum einer trug die orientalische Tracht. Während des ganzen Abends bekamen wir nur eine Frau zu Gesicht außer Miss Florence, der Missionsschwester. Und aus den hundert dunklen Fenstern spähte nicht ein Gesicht.

Wo war denn Kelly's, Jimmy Kelly's, das Tanzlokal mit den Blechvorhängen? Ein baufälliges Souterrain, ein Wurf Bulldoggenwelpen, ein Stöhnen aus dem Dunkel, Matrosen, die die Treppe hinaufstolperten, ein Licht in der Finsternis. In einer Ecke gestapelte Tische, die vor sich hinrosteten; kleine Gässchen, die in ein anderes Haus und hinaus in die Hintergassen führten; lichtlose Leuchter, ein verbogenes Schild mit einer Tabakreklame und in der Mitte des Tanzbodens fingerdick der Staub, der seinen Ruhm bedeckte, eine Opiumlounge mit Platz für vier, mit Perlmutt ausgelegt und dem Verfall anheimgegeben. Das war Kelly's – unwandelbarer Staub –, sonst nichts.

Und was war mit dem Mandarin Club? Was war mit dem chinesischen Theater mit seinen Hundertaktern? Letzteres ist eine Missionsstation, worin Menschen vor Hitze ersticken und Christen werden.

Weh dir, du abgelebter Glanz! Doch was kann man überhaupt erwarten, wenn das Trottoir die Menschen bis in die Straßenmitte quellen lässt? China tritt den geraden und schmalen Pfad der Notwendigkeit. Nur gelegentlich gewahrt man, dass Chinatown bewohnt ist, auf solch leisen Sohlen gehen die Bewohner; sie leben im Gefilde ihres tiefsten Innern und lassen nichts hinaus zu ihrem Nachbarn. Vielleicht ist diese Monotonie ihres Lebens schuld daran, dass ihre Kunst nicht höher gestimmt wurde und sich mit flachem Ton und flacher Oberfläche zufriedengab.

In dem ganzen Viertel gab es weit und breit nur zwei chinesische Laternen zu entdecken. Sie hielten in einer Restaurantküche als Dekoration her, wo die Chinesen zur Förderung des Appetits kochten – in einer makellosen, herrlichen Küche, in der sich die makellosen, herrlichen, geschnitzelten Gemüse und geschnitzelten Fleischportionen türmten.

China hat darauf verzichtet, dem Teufel zu dienen, und dient nun Amerika. Und ungeachtet der Tatsache, dass es gar kein Chinatown gibt, ist es schwierig, den Ort zu beschreiben, der seine Tanzlokale, seine Opiumhöhlen, seine Hinterzimmer voller Diebesgut und seine Schrecken, seine Farbe und seine Schwelgerei, seinen Aufruhr und seinen Chuck Connors verloren hat, denn im Tod ist er entsetzlich.

Aus dem gewundenen Ende der Doyers Street kommt der einzige Bettler, den die Straße kennt – tief gebückt, mit lautem Bittgeschrei –, denn das Eisen muss Wasser werden, und die Hügel müssen herabkommen und wandeln, und der Himmel muss einstürzen, ehe ein Chinese die bleiernen Fesseln spürt, die aus den Wänden des Herzens wachsen, und um Almosen bittet. Da war er nun, bettelte mit weit ausholenden Gesten der Klage, ohne Hoffnung auf Erfolg, ein verbitterter, torkelnder, gebrochener, verkrümmter Leib, der seinen Weg durch eine gebrochene, verkrümmte Straße nahm.

Meilenlang erstreckt sich der Himmel in dunklem Blau, von den Sternen gesprenkelt, bis er jenen Streifen erreicht, der auf Mott und Pell Street hinabblickt. Da verlischt der Himmel, und die Sterne vergehen, und da ist nur noch ein schwarzer undurchdringlicher Abgrund überm Kopf, ein schwarzes klaffendes Loch in der Ewigkeit – bezeichnenderweise, weil die Chinesen, die verstohlen unter ihm einhereilen, die Geräusche ihrer Familie im Hausinnern niemals mit Kummer oder Freude erfüllen und die Geräusche ihrer Nachbarn außerhalb des Hauses ebenso wenig.

Als es uns dreien endlich gelang, uns auf Zehenspitzen aus der eintönig gesungenen, orakelhaften Umarmung des Götzenhaus-Wächters zurückzuziehen, der mit feindseligem Blick über den Thresen voll Puppen gebeugt stand, »die wachsen konnten«, nach dem endlosen und unverständlichen Gemurmel an die Adresse gefallener Götter, und nachdem wir ganze Wolken Weihrauch durchdrungen hatten, traten wir den Rückzug an, eine schmutzige graue Treppe hinab und durch einen Flur, und stahlen uns, wie die Schatten von Ungeheuern gleitend, von Tür zu Tür voran, wobei wir mit weit aufgerissenen Augen nach einem Chinesen Ausschau hielten und nach dem Mohn schnüffelten, der sein Leben dafür hingibt, den Menschen zu besiegen.

Der Sportredakteur öffnete auf einmal eine Tür, und wir drei platzten in ein Zimmer. Waterloo mag ja auf grandiose Weise verloren gegangen sein, aber bestimmt nicht auf so grandiose Weise, wie der Chinese im Innern dieses Zimmers verloren war. Da stand er nun, der Bedrängnis trotzend, die Pfeife in der Hand, aufgeschreckt und aus einem Traum gerüttelt, und versuchte es hurtig mit einem Spiel, das ihm die Chance ließ, unentdeckt zu bleiben. Er spielte mit einer Flasche ambrafarbenem Öl herum, und wir lächelten. »Lass die Pfeife nicht ausgehen, Alter«, sagte der Sportredakteur, und der Chinese in dem dämmrigen, rauchgeschwängerten Zimmer fiel mit kleinen Mandelaugen, die langsam noch kleiner wurden, wieder in seinen Traum zurück.

Und dann paradierten das Chop Suey und der Tee vorbei – unnachahmlicher Tee, der wiewohl aus stets demselben Stoff, niemals gleich schmeckt – die blauen, henkellosen Tassen, die allgegenwärtigen Perlen und die Tische, aus denen Touristen, die der Meinung sind, das Wesen von Chinatown ließe sich in der Tasche davontragen, sämtliche Perlmuttintarsien herausgestohlen haben. Die ulkigen, lautlosen Kellner, die ihren Webster gut genug beherrschen, um die Rechnung auf Englisch zu schreiben – der Orient, in den sich Amerikaner einmengen, die dumm genug waren, die Ruhe eines fremden Elements mit einem unvermittelten scharlachroten Lächeln zu durchbrechen, das von einem Slangwort begleitet wird.

Dann gab es Musik, die unverhältnismäßig entgleiste, als einem schlotternden Klavier mit kurzen, spasmodischen Tastenhieben ein Tango entrungen wurde. Es war ein von fremdländischen Händen erzeugtes Wimmern – von Händen, die die einzige Musik erzeugten, die das alte Instrument hervorzubringen imstande war – wahrhaftig, ein heidnischer Gott, der englische Liedchen singt.

Und auf dem Tanzboden tanzten mit der lockeren, schwingenden Bewegung des Tangos wie ein in seinen Angeln verrückt spielendes Weidegatter die Yankees und schnippten mit den Fingern, summten und drehten sich im Kreise. Aus den seidenen Draperien heraus schauten wir zu, während wir unseren Tee tranken, und der Sportredakteur verwirklichte seinen Reiskuchentraum, und der kleine Chinese schaute mit ungerührtem Blick aus halb geschlossenen Augen zu, denn er wurde dafür bezahlt, dass er die Jalousien heruntergelassen hatte.

Um dessentwillen waren wir hereingekommen, und eben weil wir hereingekommen waren, konnten wir nicht anders als erleben, und erlebten wir, und waren wir enttäuscht zu entdecken, dass keine Nation imstande ist, die Tonleiter des Bösen zu handhaben, keine Rasse so wendig leben kann, dass am Ende die Sühne nicht doch ihre fordernde Hand ausstreckt. Wir waren enttäuscht, doch nicht auf traurige Weise, wir hatten zwar Hoffnungen gehegt, standen am Ende jedoch nicht mit dem Gefühl da, einen sinnlosen Abend verbracht zu haben. Wir hatten die Erinnerung an Tee, und wir wussten, dass wir den Saum des schwärzesten Flors gestreift hatten.

Wir wandten uns um. Hinter uns, um die verbotene Ecke linsend, lagen die Lichter von Park Row. Auf Tuchfühlung mit uns schnitt ein Chinese Zuckerrohr in Stücke, und im Innern eines schummrig beleuchteten Zimmers saß ein orientalischer Arzt sinnierend über seinen Waagen und Kräutern, und die Restaurants bliesen ihre warmen, angenehmen Düfte in die drückende Luft. Und so verließen wir an dieser Stelle die Sphäre, worin die verwunderten Götzen lagen und der zu Staub zerfallene Neujahrskuchen und die Blechjalousien von Kelly's, so blicklos wie die immerwährenden Toten, und das Haus, wo Chuck seinen Geist aufgab und wo die Gebete sich im Verhau einer gespickten Sprache verfangen hatten, das Herz jedoch aufrichtig trauerte. Und als wir in die Lichter der Row traten, die blinkten und blinkten, sagte der Sportredakteur langsam:

»Na schön, ich habe die Reiskuchen bekommen, und ich habe die Laternen gesehen, doch da gibt es gegenwärtig nichts, das einen Chinesen zu einem lauten Aufschrei bewegen könnte, weil dann der ganze Staub und die ganze Verwesung eines gloriosen Begräbnisses auf ihn niederrieseln und ihn unter der Asche begraben würden. Springen wir rüber zur Fortysecond Street und sehen wir uns einen Tanz an.«

Chinatown ist ein Abschnitt, über den das Alphabet unserer Stadt hinwegsteigen muss.

Es gibt kein Chinatown.

Nostalgisch in Brooklyn

Truman Capote

Eine verlassene Kirche, die gotische Fassade verunstaltet von einem Schild: *Zu vermieten.* Die Türme schwarz und angeschlagen an der Ecke dieses gottverlassenen Platzes. Spatzen nisten zwischen den gemeißelten Blumen oberhalb der vollgekritzelten Pforte *(Kilroy Was Here, Seymour liebt Betty, Du stinkst!).* Innen, wo Sonnenstrahlen auf die zertrümmerten Bänke fallen, haben allerlei streunende Tiere ein neues Zuhause gefunden. Von den Kirchenfenstern aus beobachten mich verschwommene Katzen, ich höre eigenartige Tierlaute und die Nachbarkinder, die sich gegenseitig zu einer Mutprobe herausfordern. Die Kirche ist die Mutprobe. Aus ihr schleppen sie später Knochen an, von denen sie behaupten, es seien Menschenknochen (»Manno, wenn ichs dir sage: Den ham die hier umgelegt!«). Die Kirche setzt Maßstäbe in puncto Hässlichkeit und symbolisiert für mich ganz bestimmte Eigenarten von Brooklyn. Ich ahne: Wenn hier irgendwo ein vergleichbar altes, vergleichbar monströses Bauwerk zerstört würde, man würde es gleich wieder aufbauen, denn anders als in Manhattan hat man in Brooklyn (oder vielmehr in jenem Schlauch von Stadtteilen gleichen Namens) keinen Sinn für architektonischen Wandel. Auch übermäßigen Individualismus schätzt man hier nicht, und fassungslos blickt man auf endlose Straßen mit ein und denselben Bungalows, hellbraun und dunkelbraun, Gingerbread und Brownstone, dazwischen die unvermeidlichen Brachen, auf denen traurige, süße, wilde Kinder Laub und Sperrmüll verbrennen, die traurigen, süßen Kinder, die durch die flirrenden Auguststraßen rennen und rufen: »Kill den Jidden! Kill den Makkaroni! Kill den Nigger!« Auch das hat Tradition in diesem Land, wo die mentale Architektur sich so wenig verändert wie die Behausungen.

Freunde aus Manhattan, die sich die deprimierend komplizierte Fahrt mit der U-Bahn nicht antun wollen (»Ach, B., bittebitte komm doch, ich schwöre, es dauert nur vierzig Minuten, und mehr als dreimal umsteigen musst du auch nicht!«), lehnen jede Einladung nach Brooklyn bedauernd ab. Aus diesem Grund habe ich schon oft davon geträumt, die alte Kirche zu mieten und zu renovieren. Wer könnte einem solchen Domizil widerstehen? Aber so, wie die Dinge stehen, muss ich mich mit zwei Zimmerchen in einem Brownstone-Haus begnügen, von dem rund um den Platz noch zwanzig identische existieren. Ihr Inneres ein verlebter Dschungel viktorianischer Wohnkultur: blasslila, puttengesichtige Dämchen tanzen in vergammelten griechischen Gewändern auf der Tapete Ringelreihen; im Hausflur steht noch die angelaufene Schale für Visitenkarten und der Hutständer, der aussieht wie eine Krüppelkiefer an der bretonischen Küste. Allesamt Relikte aus Brooklyns besseren Tagen. Im Wohnzimmer stauen sich verstaubte Sitzmöbel mit Fransen, auf dem verstimmten Klavier eine Dauerausstellung von Familien-Daguerreotypien, allüberall Houssen und Spitzendeckchen als Zeichen großbürgerlicher Respektabilität. Und wenn es in diesen Zimmern zieht, dann klimpern die Kristalllüster fernöstliche Weisen.

Immerhin gibt es Telefone: zwei oben, drei unten und hundertfünfundzwanzig im Keller. Denn im Keller befindet sich die Telefonzentrale, an die meine Vermieterinnen mehr oder weniger angekettet sind. Denn Mrs Q., eine watschelnde, untersetzte Frau mit rotem Bulldoggengesicht, lavendelfarbenen Glubschaugen und hellrot wuchernder Haarpracht, die sie wie ihre Tochter Miss Q. ungebändigt und hüftlang trägt, Mrs Q. ist eine notorisch misstrauische Person, die, da sie alles verachtet, hinter allem etwas Anrüchiges wittert. Dagegen ist Miss Q. nur ein erschöpftes Geschöpf, ein empfindliches, gefügiges Wesen, das von der Wiege bis zur Bahre eigentlich nur unendlich müde ist.

Während Mrs Q. ab und zu wenigstens noch ein türkisches Bad unweit des Bezirksrathauses besucht, ist die Isolation ihrer erschöpfen Tochter total. Wenn stimmt, was sie sagt, dann hat sie den Keller in acht Jahren nur ein einziges Mal verlassen. An diesem Festtag war sie mit ihrer Mutter in der Carnegie Hall, um Mr MacFadden bei einer Präsentation von Freiübungen zuzusehen.

Und schauerlich ist es, mit anzuhören, wie sie abends die Treppe emporschnauft, um kurz darauf ausgerechnet bei mir ihre Aufwartung zu machen. Da steht sie dann, angetan mit einem schäbigen Satin-Kimono, auf den ihr sonnenuntergangsrotes Haar in Wikinger-Manier hinabfällt, und fixiert mich hasserfüllt. »Schon wieder zwei«, erklärt sie daraufhin mit rasselndem Bariton, als sei die ganze Welt in einen Pfuhl von Feuer und Schwefel zu werfen. »Wir haben es vom Fenster aus genau gesehen, zwei ganze Familien in einem Möbelwagen.«

Wenn sie die Zitrone ihrer Säuernis hinlänglich ausgequetscht hat, frage ich sie: »Was für Familien denn, Mrs Q.?«

»Neger«, erwidert sie mit selbstgerechtem, eulenhaftem Augenaufschlag. »Das ganze Viertel nichts wie Neger. Erst die Juden und jetzt das. Nichts wie Räuber und Diebe, die sind alle gleich, da muss man ja Angst haben.«

Mrs Q. wird es nicht bewusst sein, aber ihre Klage ist nicht gespielt, sondern echt. Sie hat wirklich Angst. Für das, was da draußen vorgeht, gibt es kein Vorbild. Der Mann, dem sie alles nachgeredet hat, ist nicht mehr da, und sie selbst hat außer geborgten Anschauungen nie eine eigene Meinung besessen. Das hindert sie nicht, Maßnahmen zu ergreifen. An jeder Tür hat sie eine Vielzahl von Schlössern und Riegeln anbringen lassen, die Fenster sind vergittert, und für den Notfall gibt es noch den kleinen Kläffer mit dem ohrenbetäubenden Organ. Denn jemand da draußen, irgendein gestaltloser Jemand begehrt sich Einlass zu verschaffen ins Innere. Jede Stufe kommentiert beim Hinabgehen ihr, Mrs Q.s, beträchtliches Gewicht. Unten kommt ihr aus dem Spiegel eine Gestalt entgegen, bedrohlich, will nach ihr greifen, sie betatschen. Dass es ihr eigenes Spiegelbild ist, merkt sie nicht; sie erkennt Mrs Q. nicht. Stattdessen erstarrt sie, ihr Atem geht schwer, während sie sich fragt, wer da auf sie gewartet hat. Grabeskälte dringt ihr durch Mark und Bein: Heute schon wieder zwei, morgen kommen noch mehr, die Flut steigt, ihr Brooklyn ist das neue Atlantis, verloren, sogar ihr Bild im Spiegel (ein Hochzeitsgeschenk, weißt du noch? Vierzig Jahre, Gott, verrat mir bloß: Was ist passiert? Wo sind sie hin?), falls es denn ein Jemand ist, ein Etwas sein sollte. »Gute Nacht«, ruft sie. Klick-klack-klack machen die Schlösser, die Tore werden geschlossen. Hundertfünfundzwanzig Telefone singen in der Dunkelheit, die griechischen Dämchen tanzen Ringelreihen im Schatten, das Haus seufzt und lässt sich sacken. Draußen trägt der Wind den Duft von feinen Backwaren heran, von einer Bäckerei mehrere Blocks weit entfernt. Seeleute, unterwegs in die Sands Street, queren den erleuchteten Platz. Sie schauen an der skelettierten Kirche empor, und ihr Blick trifft auf das gelbe Wissen in katzenkalten Augen. »Gute Nacht, Mrs Q.«

Ich habe hier sogar schon einen Hahnenschrei gehört. Ein

seltsamer Eindruck zunächst. Aber nicht ganz so seltsam, wenn man darüber nachdenkt, was sich überall im Verborgenen abspielt, in der Geheimstadt der Hinterhöfe, die nirgendwo so entwickelt ist wie hier. Notorische Niedrigeinsatzspieler und Schuhvertreter werden hier zu Herren der Scholle: »Alles selbst gezogene Radieschen, weißt du.« In Flatbush wurde kürzlich eine Frau verhaftet, weil sie in ihrem Hinterhof Schweine hielt. Die Denunzianten rieb sicher nur der reine Neid. Wenn man abends aus Manhattan nach Brooklyn kommt, ist es fast etwas entnervend, einen Himmel zu sehen, an dem echte Sterne glänzen, oder über diese laubbedeckten Straßen zu gehen, durch die der Geruch von Herbstfeuern zieht, oder in der Dämmerung die Stimmen Rollschuh laufender Kinder zu hören. All das ist wie ein stiller Willkommensgruß: »Guck mal, Myrtle, der Mond – wie ein Halloween-Kürbis.« Unter dir zischt die U-Bahn, über dir durchschneidet Neon die Nacht, und trotzdem war da dieser Hahnenschrei.

Aus soziologischer Sicht bilden die Einwohner von Brooklyn eine verfolgte Minderheit. Unter einfallslosen New Yorkern gilt als ausgemacht, dass dieser Stadtteil nichts weiter ist als ein Witz. Dialekt, Aussehen, Sitten und Gebräuche der Brooklyner sind gleichbedeutend mit unterste Schublade. Was sich anfangs noch eher humorvoll anließ, verkommt inzwischen zum bewussten Rufmord, und eine Adresse in Brooklyn ist alles andere als eine gute Visitenkarte. Die Ironie daran: Gerade der Durchschnittsbrooklyner, eigentlich fast ein Ausgestoßener, hält ums Verrecken an einem Lebensstil der gesellschaftlichen Mitte fest und macht aus bürgerlicher Wohlanständigkeit eine Religion. Dennoch nagt Unsicherheit an ihm, weswegen er in das dämliche Gewieher aus Big Apple gleich mit einfällt: »Aber sicher, nichts geht über Brooklyn – weißt du, wie ich meine.« Wirklich sehr komisch. Dabei ist Brooklyn viel mehr. Es ist traurig, brutal; provinziell, einsam, zutiefst menschlich, still, endlos, ruppig, verloren, leidenschaftlich, sensibel, verbittert, unreif, unschuldig, pervers, zärtlich und geheimnisvoll. Es ist der Ort, an dem Crane und Whitman auf ihre Gedichte gestoßen sind, ein mythisches Reich, das vom Coney-Island-Meer mit winterlichen Klagewellen angesprungen wird. Hier kannst du keinen mehr nach dem Weg fragen, niemand weiß etwas, selbst die ältesten Kraftdroschkenkutscher sind unsicher. Zum Glück habe ich meinen Abschluss in Subway-Navigation. Wer es auf diesen in Stein gegrabenen Strecken, Adern wie jene auf fossilen Farnen, zur Meisterschaft bringen will, braucht mehr Entschlossenheit und Durchhaltevermögen, als für einen Magisterhut nötig ist. Die ruckelnde Fahrt durch sonnenlose, sternenlose Röhren vermittelt das Gefühl einer Reise in unbekannte Weiten. Der Zug rattert unter irrealem Land einer nebligen Ferne entgegen, und nur die vorbeifliegenden Stationsnamen sagen uns noch, wer wir sind. (Einmal auf der donnernden Unterquerung des Flusses sah ich ein Mädchen von vielleicht sechzehn Jahren. Mir schien, sie musste irgendeine Initiationsprüfung für eine Studentenverbindung ablegen, jedenfalls hatte sie einen Korb mit lila Papierherzen dabei. »Wollen Sie ein einsames Herz kaufen?«, sagte sie immer wieder, während sie durch den Wagen ging. »*Sie* vielleicht? Wollen Sie vielleicht ein einsames Herz?« Doch die bleichen, ausdruckslosen Fahrgäste brauchten so etwas nun wirklich nicht und blätterten weiter in der *Daily News*.

28. Dezember. Ein strahlend blauer Tag, viel zu schön eigentlich für das vermiefte Brooklyn einer Mrs Q. Deshalb spazierte ich mit einem Freund hoch auf die Brooklyn Heights. Nur Beacon Hill in Boston oder Charleston präsentieren sich ähnlich nostalgisch. (Das *vieux carré* von New Orleans zählt nicht mit, denn es ist eigentlich viel zu unamerikanisch.) Und

von allen dreien erscheint Brooklyn Heights noch am ehesten im Originalzustand, vermutlich weil noch niemand mit seinem Flair Kasse machen wollte. Dennoch ist die Gegend dem Untergang geweiht, spätestens wenn der Tunnel fertig ist, und ein Highway ist auch schon in Planung. Baumaschinen nagen mit ihren Stahlzähnen am Steilufer, viele der alten baufälligen Bürgerhäuser, in denen schon vor Jahren das Licht ausgegangen ist, warten nur noch auf die Abrissfirma. Überall in den kleinen, verwinkelten Gassen, so typisch für den nüchternen Sinn der früheren Anwohner, weisen grelle Schilder darauf hin, dass jetzt rangeklotzt wird und Großes passiert: *Danger! Men working!* Cranberry Street, Pineapple Street, Willow Street, Middagh Street. Detonationsstaub hängt sein Urteil in die Luft. Bei hereinbrechender Dunkelheit kauften wir uns einen Nuss-Pie, setzten uns auf eine Bank und sahen zu, wie in den Bürotürmen auf der anderen Seite des Flusses Wabenmuster aus Licht entstanden. Wind peitschte die Gischt auf dem kalten Wasser, sang in den harfengleichen Brückenträgern, scheuchte schreiende Möwen zu Wirbeln zusammen. Während ich so meine Portion Pie vertilgte, sah ich mir diese Stadt an und fragte mich, wie die Ruinen wohl aussähen, die eines Tages davon übrig bleiben würden. Zumindest was Brooklyn betrifft, wird es künftigen Archäologen wohl so ergehen wie New Yorker Taxifahrern schon heute: Sie werden weder hinter das Geheimnis der Straßenführung kommen noch die Bedeutung dieser Gegend entschlüsseln können.

Feste feiern, wie sie fallen

Helene Hanff

Thanksgiving

Noch vor der Regentschaft von James I. widersetzte sich eine Schar von Bauern der Anglikanischen Kirche. »Entweder sie fügen sich«, sagte der König, »oder ich vertreibe sie aus meinem Königreich.« Sie fügten sich nicht, und er vertrieb sie aus seinem Königreich. Sie bestiegen ein Schiff, die *Mayflower,* und machten sich auf in die Neue Welt. Dort landeten sie in Plymouth, Massachusetts, und gründeten eine Kolonie. Und da sie sich selbst »Pilger« nannten, gingen sie als »Pilgerväter« in die amerikanische Geschichte ein.

Ehrlich gesagt waren sie nicht besser als ihr Ruf. Nachdem sie wegen ihrer Weigerung, sich der Anglikanischen Kirche zu fügen, aus England vertrieben worden waren, hatten sie nichts Eiligeres zu tun, als alle diejenigen aus Plymouth zu vertreiben, die sich nicht der Church of Plymouth fügen wollten. Aber was solls: Sie haben uns einen wunderschönen amerikanischen Feiertag gestiftet.

Und das kam so: Die Pilger freundeten sich mit den amerikanischen Ureinwohnern, den Indianern, an, die ihnen zeigten, wie man den Ackerboden mit Aalen fruchtbar machte, wie man indianischen Mais anbaute und ihn vom Kolben aß und wie man einen amerikanischen Vogel, den Truthahn, briet und aß. Und im nächsten Herbst, als die Pilger eine reiche Ernte einbrachten, luden sie die Indianer zu einem Festmahl ein, bei dem alle Gott für die Ernte dankten. Dieses Festmahl war das erste Thanksgiving in Amerika.

Am Thanksgiving Day, dem vierten Donnerstag im November, nimmt sich das ganze Land frei, um zu feiern – und könnte einer der Pilgerväter sehen, wie das Fest gefeiert wird, besonders in der Stadt New York, würde er einen Herzschlag bekommen. Was Thanksgiving in New York so einzigartig macht, ist die Macy-Parade, für die sich Eltern seit fünfundfünfzig Jahren früh aus dem Bett quälen. Bei dem Umzug sind mit Helium gefüllte Ballons in der Form von Cartoon-Figuren die Hauptattraktion, jede so groß wie ein sechs- bis siebenstöckiges Gebäude.

Es ist die einzige Parade, die hoch über den Straßen – zum Beispiel am Central Park West – vorüberschwebt und bei der große Menschenmengen in den Himmel starren, um sie zu sehen. Viele Tage vor dem Ereignis verbringen Mütter, die ein besonderes Organisationstalent haben, Stunden am Telefon, um Einladungen von Freunden, die am Central Park West wohnen, zu ergattern, damit sie mit ihren Kindern die Parade von der Wohnung der Freunde aus sehen können. Die liegt vielleicht etwas höher oder etwas tiefer als die gasgefüllten Figuren von Micky Maus, Snoopy und Big Bird oder sogar auf Augenhöhe mit ihnen.

Am Morgen des Thanksgiving Day finden überall Gottesdienste statt, und während Grandma in der Kirche ist und Mom in der Küche das Festessen zubereitet, kramt Dad seinen alten College-Wimpel, seine Anstecknadel und sein Sweatshirt mit dem College-Aufdruck hervor und legt es bereit für das Football-Spiel am Nachmittag. Thanksgiving bedeutet das Ende der College-Football-Saison, und am Thanksgiving Day wird jahrein, jahraus – ähnlich wie bei der Oxford-Cambridge-Ruderregatta – zwischen den gleichen Universitätsteams ein Spiel ausgetragen. Die berühmtesten Gegner sind zwei Militärakademien, die U. S. Military Academy in West Point, New York, und die U. S. Naval Academy in Annapolis, Maryland. Jedes zweite Jahr, wenn das Spiel in West Point stattfindet – nicht weit von New York, in der Nähe von Bear Mountain –, sieht man überall auf den Straßen New Yorks die jungen Army- und Navy-Kadetten in ihren schicken Uniformen.

Nach dem Football-Spiel begibt sich die jüngere Generation zur Siegesfeier in die Verbindungshäuser der Colleges, wo selbst dann gefeiert wird, wenn das eigene Team fünfzig zu null verloren hat. Und Dad fährt nach Hause, um sich um die Drinks zu kümmern, die vor dem Thanksgiving-Dinner gereicht werden, das eigentlich eine Kopie des Weihnachtsessens ist, angefangen beim Truthahn mit Preiselbeeren bis hin zu Kürbis- und Apple-Pies zum Nachtisch. Aber die Tischdekorationen, wie die leuchtend orangeroten indianischen Maiskolben, die nicht essbar sind, gibt es nur an Thanksgiving.

Beim Essen schlägt sich jeder den Magen voll, weil der Lunch für den, der im Stadion war, nur aus einem Hotdog und einem Pappbecher mit Kaffee bestand, und für die anderen aus einem Sandwich, das vor dem Fernseher verzehrt wurde, während man sich mindestens drei College-Football-Spiele angesehen hat. In einem Land mit so vielen Zeitzonen wird ein Spiel an der Ostküste abgepfiffen, wenn eins an der Westküste gerade beginnt.

Aber das eigentlich Charakteristische an Thanksgiving besteht darin, dass sich die ganze Familie trifft, und alle, auch die, die weit weg arbeiten oder zum College gehen, versuchen, nach Hause zu kommen. Obwohl viele am Freitag wieder zur Arbeit gehen müssen, will jeder Amerikaner Thanksgiving im Kreis seiner Familie feiern. Es ist unser eigentliches Familienfest, mehr noch als Weihnachten, da es alle Religionen umfasst und sich auf den Glauben von Abtrünnigen beruft, auf den dieses Land gegründet wurde. Deswegen erhebe ich an jedem vierten Donnerstag im November mein Martiniglas und trinke auf Samoset und die Pilgerväter, die uns dieses herzerwärmendste aller Familienfeste *made in America* gegeben haben.

Weihnachten

Das ist die Jahreszeit, in der es zwei Arten von New Yorkern gibt: die Weihnachtshasser, die sich dem Fest auf einem Kreuzfahrtschiff entziehen, und die, die sich wie Fünfjährige leidenschaftlich darauf freuen. Für eine leidenschaftliche Fünfjährige wie mich hat Weihnachten in New York glänzende Vorteile. Wenn man es aber in einer New Yorker Studiowohnung, also einer Einzimmerwohnung, richtig feiern will, hat man mit Nachteilen zu kämpfen, die einen Hausbesitzer schier zur Verzweiflung bringen würden. Fangen wir mit den Vorteilen an.

In New York beginnt die Weihnachtszeit mit der Baumlichter-Zeremonie an der Presbyterianischen Kirche, einem roten Backsteinbau an der Park Avenue. Ich sollte aber zunächst erklären, dass die Avenues auf der Insel von Manhattan von Nord nach Süd verlaufen und von den Straßen gekreuzt werden, die von Ost nach West verlaufen; und zweitens, dass die Park Avenue ihren Namen daher hat, dass es auf dem Abschnitt zwischen der 96sten und der 45sten Straße einen grünen Mittelstreifen mit Blumenrabatten gibt. Zur Weihnachtszeit wird an jeder zweiten Straßenkreuzung ein kleiner Weihnachtsbaum aufgestellt, der nur mit kleinen weißen Lichtern geschmückt ist. An dem festgelegten Tag begibt man sich zu der Kirche Ecke 94ste Straße und Park Avenue, wo ein Liedersingen im Freien stattfindet. Der Geistliche oder jemand anders betätigt den Schalter, und alle gucken zu, wie mit einem Mal alle Lichter an all den kleinen Bäumen an der Park Avenue angehen, und das über eine Länge von fünfzig Blocks.

Das ist der Startschuss für mich, mit dem Einkaufen anzufangen – und wenn man seine Weihnachtseinkäufe auf der Fifth Avenue macht, wird man von lauter hübschen Dingen abgelenkt. Als Erstes stellt man sich vor dem Kaufhaus Lord & Taylor an, um die weihnachtlich geschmückten Schaufenster anzusehen. In diesem Jahr ist das Thema »Nach Hause kommen an Weihnachten«. In einem Fenster ist ein Modell vom J.-F.-K.-Flughafen aufgebaut, mit Puppen, die Passagiere darstellen, und Gepäck und Wartehallen. In einem anderen Fenster steht ein Modell der George-Washington-Brücke mit all den Lichtern und dem Verkehr – und einem Autofahrer, der Pech und einen Platten hat. Mein Lieblingsfenster ist das, in dem ein Modell von einer Subway-Station aufgebaut ist, mit vielen Menschen, einer Snackbar und einem Mann, der mit einem Weihnachtsbaum über der Schulter die Treppe herunterkommt.

Wenn man an einem Mittwoch einkaufen geht, kehrt man gegen Mittag in die St. Thomas Church ein – sie liegt auf halbem Wege zwischen Saks und Bonwit's –, um den hervorragenden Männer- und Knabenchor mit einer Aufführung von Benjamin Brittens *St. Nicholas* oder der *Ceremony of Carols* zu hören. Und natürlich bleibt man bei Einbruch der Dunkelheit am Rockefeller Plaza stehen, um sich die Weihnachtslieder anzuhören, die unter dem fünfundzwanzig Meter hohen Baum gesungen werden.

Die Gratiskonzerte, die man hier im Dezember hören kann, sind eine einzige Freude. Jede Woche guckt man in der *New York Times* nach, in welcher Kirche es ein Konzert gibt, und tut sich schwer mit der Entscheidung. Soll man den ganzen Weg zur 122sten Straße und zur Riverside Church machen, um dort die beste Aufführung des *Messias* in der ganzen Stadt zu hören – oder geht man doch lieber ins *Weihnachtsoratorium* von Bach, das in St. Bartholomew an der Park Avenue, Ecke 49ste Straße aufgeführt wird? Und wenn man sich nun an diesem Sonntag für Bach in St. Bart entscheidet, kann man dann am nächsten Sonntag die beste *Messias*-Aufführung in der Ascension Church an der zehnten Straße hören oder in der Heavenly Rest Church an der 94sten?

War man in Midtown bei einem Abendkonzert, läuft man anschließend auf der Park Avenue nach Hause. An der Park Avenue in Midtown stehen lauter Bürohochhäuser mit bepflanzten kleinen Plätzen davor und dazwischen; und zur Weihnachtszeit werden die Bäume und Büsche auf diesen Plätzen über und über mit Lichterketten behängt, die Abertausende von winzig kleinen weißen Lichtern haben. Man geht also zwischen dem Glitzern der Sterne am Straßenrand nach Hause, während in der Mitte die golden erleuchteten Weihnachtsbäume funkeln.

Independence Day

Bei uns gibt es eine neue Tradition für den 4. Juli. Seit der »Operation Sail« im Jahr 1976, zu der sich die internationale Flotte der Segelschiffe im Hafen von New York versammelte, um unser zweihundertjähriges Bestehen als Nation zu feiern, begehen die New Yorker den 4. Juli, den Tag ihrer Unabhängigkeit, im südlichen Teil von Manhattan.

Man fährt mit der Subway bis zur äußersten Spitze der Insel, wo sich der East River und der Hudson (der westlich verläuft) in der Bucht fast begegnen. Man geht von Schiff zu Schiff, die alle zur Besichtigung geöffnet sind, und man betrachtet vom Battery Park aus die Regatten und die Wasserskiwettrennen. Dann spaziert man zur City Hall, dem Rathaus von Manhattan, und zwischen den Gerichtsgebäuden hindurch, über die Wall Street und durch das Finanzviertel. Man kauft sich Lunch an einem der Ethno-Imbissstände auf dem Gehweg – griechische Souvlaki, italienische Würstchen und chinesische Spareribs. Oder man kauft sich Krabben und Muscheln bei Sloppy Looie. Das Beste am südlichen Manhattan ist, dass man einfach herumwandern und staunen kann. Es gibt viel zu bestaunen.

Die Straßenzüge gehen auf 1640 zurück, als das südliche Manhattan die Stadt New Amsterdam war, die Hauptstadt der New Netherlands, der holländischen Kolonie. Aber an diesen engen, kurvigen Straßen stehen reihenweise Wolkenkratzer – Hunderte von Türmen aus Beton und Stahl und Glas, die dreißig oder sechzig oder einhundertzehn Stockwerke in den Himmel ragen. Und so werden die kurvigen Sträßchen zu Spielzeugschluchten.

Die Ticker-Tape-Parade

Seit mindestens achtzig oder neunzig Jahren ehrt New York City die Helden der Nation mit einer Parade, die einzigartig ist. Sie wird nach dem benannt, was sie einzigartig macht, nämlich nach den Telex-Lochstreifen *(ticker tape)*, und heißt deshalb die Ticker-Tape-Parade.

Die Parade fängt immer in der ursprünglichen City of New York, im südlichen Manhattan, an, denn da ist die Börse, und der Name der Parade erklärt sich aus den Lochstreifen der Börsenticker, auf denen die Börsenkurse notiert sind und die den ganzen Tag lang von einer Maschine ausgespuckt werden. Am Tag vor der Parade sammeln die Arbeiter in den Börsenbüros diese Lochstreifen und lassen sie am Tag der Parade von ihren Wolkenkratzerfenstern auf die Helden rieseln, die, in offenen Limousinen stehend oder sitzend, langsam durch die Straßen fahren, sodass es aussieht, als ginge ein feiner Papierschneeregen auf sie nieder. Eine Ticker-Tape-Parade erfordert also nur drei Sachen: Lochstreifen, offene Limousinen und offene Fenster.

Aber die Zeiten ändern sich. Zunächst einmal, was die Lochstreifen betrifft: Obwohl sie noch benutzt werden, wird der Teleprinter nach und nach durch die elektronische Aufzeichnung der Börsenkurse über Computerbildschirme ersetzt, sodass da, wo einst fünfhundert Tickermaschinen in Betrieb waren, es jetzt nur noch neunzig sind. Als Nächstes: Autohersteller stellen keine offenen Limousinen mehr her. Und der letzte Punkt: Die neuesten Bürohochhäuser sind mit Klimaanlagen gebaut, die das ganze Jahr in Betrieb sind und eine Art Klimakontrolle darstellen, sodass sich die Fenster der Gebäude nicht öffnen lassen.

Sie glauben doch nicht etwa, dass das dreifache Handicap – kein Ticker-Tape, keine offenen Wagen und keine zu öffnenden Fenster – die New Yorker davon abhalten könnte, für die befreiten amerikanischen Geiseln aus dem Iran eine Ticker-Tape-Parade zu veranstalten? Ich bitte Sie!

Als Erstes hat die Stadtverwaltung zwei offene Wagen, einen 1930er Packard und ein 1952er Chrysler-Cabriolet, ausfindig gemacht und sie ein bisschen geputzt, sie hat sich zwei maßgefertigte Rolls-Royce von patriotischen Millionären ausgeliehen, und da die Anzahl der offenen Wagen immer noch nicht reichte, fuhren die restlichen Geiseln auf den Dächern geschlossener Wagen. Dann hat sie fünfhundert Meilen Luftschlangen an die Zuschauer verteilt, die an der Strecke stehen würden. Die Büroleute aus den Wolkenkratzern wollten dem nicht nachstehen und sammelten Computerausdrucke und IBM-Lochkarten und Telefonbücher, die sie in den Schredder steckten, und so stellten sie ihren traditionellen Papierschneeregen her. Und in den Wolkenkratzern, wo sich die Fenster nicht öffnen lassen, sind die Leute einfach aufs Dach gestiegen – fünfzig oder sechzig oder neunzig Stockwerke über der Straße – und haben ihren Ticker-Tape-Ersatz von dort auf die Menge regnen lassen.

Ich habe die Parade im Fernsehen gesehen, und es war ein gewaltiger Anblick, nicht nur die Gesichter der Geiseln, sondern auch die Menschen – etwa eine halbe Million –, die dicht gedrängt entlang der Route standen, sich mit gelben Schleifen und gelben Bändern geschmückt hatten und Spruchbänder hochhielten, auf denen zu lesen war: »Welcome Home« und »USA 52 – Iran 0«. Sie jubelten und lachten und weinten und hakten sich unter, in einem Aufwallen von Patriotismus, der uns alle zu unserer Überraschung mitriss.

Ich möchte Ihr Mitgefühl für die armen Millionäre wecken, die an der Fifth Avenue, in den teuersten Häusern und Wohnungen von New York, leben. Wenn die warme Jahreszeit anbricht, stehen ihnen viele Paraden bevor, die alle auf der Fifth Avenue abgehalten werden, jeden Sonntag eine.

Es handelt sich um Paraden verschiedener Volksgruppen. Nehmen wir die Pulaski-Parade und die von-Steuben-Parade. Pulaski war Pole, und von Steuben war Deutscher, deswegen wird die Pulaski-Parade von polnischen New Yorkern und die von-Steuben-Parade von deutschen New Yorkern organisiert. Es gibt eine Parade am griechischen Unabhängigkeitstag, eine am Puerto-Rico-Tag, eine am Salut-an-Israel-Tag, eine am

Tag der philippinischen Unabhängigkeit und weiter, bis hin zu der Parade am Tag der »Nationen in Gefangenschaft«, die den armenischen, bulgarischen, tschechischen, ungarischen, litauischen und rumänischen New Yorkern zugedacht ist.

Alle diese Paraden ziehen sich die ganze Fifth Avenue entlang, und das bedeutet, dass die Bewohner der Häuser dort sonntagmorgens um acht Uhr, wenn die ersten Marschkapellen unter ihren Fenstern vorbeimarschieren, von dem Lärm der Trommeln und Trompeten geweckt werden. Darauf folgen zwanzig weitere Marschkapellen, und die Millionäre finden den ganzen restlichen Tag keine Ruhe.

Die Millionäre bildeten Nachbarschaftsaktionsgruppen und forderten, dass die Stadtverwaltung Märsche und Paraden nur noch an Wochentagen erlaube. Doch dagegen lehnten sich die Geschäftsinhaber der Fifth Avenue auf, denn die Paraden und ihre Zuschauer behindern Leute, die einkaufen wollen, und beeinträchtigen folglich das Geschäft. Also forderten die Millionäre, dass die Stadt die Sonntagsmärsche auf eine andere Avenue verlege. Das konnte aber die Stadt nicht tun. Man kann nicht einer Volksgruppe erlauben, auf der Fifth Avenue zu marschieren, und den anderen Gruppen sagen, sie sollen ihre Parade woanders abhalten.

St. Patrick's Day

Vor einem Jahrhundert nämlich hatte sich die erste Volksgruppe, die eine Parade veranstalten wollte, das Recht, sie auf der Fifth Avenue zu halten, in den Stadtgesetzen verankern lassen. Diese Gruppe ist es auch, die immer noch die größte und beliebteste Parade der Stadt abhält, und sie ist auch bei Millionären beliebt, weil sie nie an einem Sonntag stattfindet. Die Parade wird am 17. März veranstaltet (und wenn der 17. ein

Sonntag ist, dann findet sie am 18. statt), denn sie wird zu Ehren des Heiligen Patrick gehalten, und vor der St. Patrick's Cathedral ist eine Ehrentribüne aufgebaut.

Die St. Patrick's Parade ist die älteste in der Stadt. Man zieht sich einen grünen Pullover über und mischt sich unter den Pöbel, der an der Fifth Avenue, die sich den Marsch der Söhne und Töchter Irlands sowie der zahllosen Bands und Umzugswagen ansehen. Neben den irischen Veteranen der amerikanischen Kriege und den dickbäuchigen Herren der irischen Clubs marschieren auch Hunderte von Kindern aus katholischen Schulen mit, die, ganz egal, ob es schneit oder friert, in grünen T-Shirts und weißen Shorts von der 86sten Straße bis zur St. Patrick's Cathedral an der 50sten Straße gehen, wo die Ehrentribüne aufgebaut ist. Außer dem Kardinal sind unter den Honoratioren immer der Gouverneur, der Bürgermeister, beide Senatoren und verschiedene Mitglieder des Kongresses, und ein jeder von ihnen trägt eine grüne Fliege oder, und das ist das Mindeste, eine grüne Nelke.

Am St. Patrick's Day ist ganz New York grün. In den Bäckereien gibt es kleeblattförmige Kekse und Kuchen mit grünem Zuckerguss; bei Woolworth gibt es grüne Papierhüte und Partyschmuck, und dem D'Agostino-Supermarkt geht nach kurzer Zeit das Pistazieneis aus.

Wie gesagt, der St. Patrick's Day steht am Anfang einer ganzen Reihe von Volksparaden, die in den kommenden Monaten über die Fifth Avenue ziehen werden, und ich habe vor, mich diesem Thema noch intensiv zu widmen – und auch über die ethnischen Festlichkeiten im Central Park zu berichten –, wenn die Saison im Sommer richtig in Schwung kommt. Aber jetzt muss ich losstürzen und einen Briefbeschwerer kaufen. Am ersten warmen Märztag schiebe ich nämlich das Fenster neben meinem Schreibtisch hoch. So auch im vergangenen März, als ich gerade einen Artikel für eine Zeitschrift schrieb, und eines Morgens – ich hatte gerade die Seite neun frisch abgetippt – erfasste die Märzbrise Seite zehn und wehte sie aus dem Fenster auf die Straße. Ich musste nach unten rennen und aus dem Haus und dann anderthalb Blocks die Second Avenue entlang bis zum Markt. Schließlich erhaschte ich die Seite unter einer Kiste mit Spinat. Diesen März habe ich ein neues Buch in der Schreibmaschine, und da will ich keinen Ärger haben.

Ein Tag im September

Jonathan Safran Foer

Ich war im Gästezimmer, als es geschah. Ich strickte dir beim Fernsehen einen weißen Schal. Ich sah Nachrichten. Das Verstreichen der Zeit glich einer Hand, die aus einem Zug winkte, mit dem ich gern gefahren wäre. Du hattest dich gerade auf den Weg zur Schule gemacht, und ich wartete schon wieder auf dich. Hoffentlich denkst du nie so sehr an etwas, wie ich an dich denke.

Ich weiß noch, dass der Vater eines vermissten Mädchens interviewt wurde.

Glauben Sie immer noch, dass man sie lebend findet?

Ja, das glaube ich.

Manchmal schaute ich zum Fernseher.

Manchmal schaute ich auf meine Hände, die deinen Schal strickten.

Manchmal aus dem Fenster zu deinem Fenster.

Gibt es irgendwelche neuen Hinweise?

Nicht, dass ich wüsste.

Aber Sie hoffen weiter.

Ja.

Was bräuchte es, damit Sie die Hoffnung aufgeben?

Musste man ihn quälen?

Er legte sich eine Hand an die Stirn und sagte: Es bräuchte eine Leiche.

Die Interviewerin fasste sich ans Ohr.

Sie sagte: Entschuldigen Sie bitte. Eine Sekunde.

Sie sagte: In New York ist irgendetwas passiert.

Der Vater des vermissten Mädchens fasste sich an die Brust und blickte an der Kamera vorbei. Auf seine Frau? Auf einen Unbekannten? Auf etwas, das er gern sehen wollte?

Es mag komisch klingen, aber der Anblick des brennenden Gebäudes berührte mich nicht. Ich war nicht einmal überrascht. Ich strickte weiter an deinem Schal, und ich dachte weiter über den Vater des vermissten Mädchens nach. Er gab die Hoffnung nicht auf.

Aus einem Loch im Gebäude quoll unentwegt Rauch.

Schwarzer Rauch.

Ich kann mich noch an den schlimmsten Sturm meiner Kindheit erinnern. Von meinem Fenster aus sah ich, wie die Bücher aus den Regalen meines Vaters gerissen wurden. Sie flogen durch die Luft. Ein Baum, älter als jeder Mensch, kippte um, weg von unserem Haus. Er hätte auch zur anderen Seite kippen können.

Als das zweite Flugzeug einschlug, begann die Nachrichtenmoderatorin zu schreien.

Ein Feuerball rollte aus dem Gebäude und an der Fassade hinauf.

Millionen Zettel wirbelten durch die Luft. Sie blieben in der Luft hängen und bildeten einen Ring um das Gebäude. Wie die Ringe des Saturn. Die Ringe, die die Kaffeetassen auf dem Schreibtisch meines Vaters hinterlassen hatten. Der Ring, nach dem Thomas kein Bedürfnis hatte, wie er meinte. Ich erwiderte, er sei nicht der Einzige mit Bedürfnissen.

Am nächsten Morgen ließ uns mein Vater unsere Namen in den Stamm des Baumes ritzen, der vom Haus weggekippt war. Das war unser Dank.

Deine Mutter rief an.

Siehst du gerade die Nachrichten?

Ja.

Hat sich Thomas bei dir gemeldet?

Nein.

Bei mir auch nicht. Ich mache mir Sorgen.

Warum machst du dir Sorgen?

Habe ich doch gesagt. Er hat sich nicht gemeldet.

Aber er ist doch im Laden.

Er hatte eine Verabredung in dem Gebäude, und er hat sich nicht bei mir gemeldet.

Ich drehte den Kopf zur Seite. Ich hatte das Gefühl, mich erbrechen zu müssen.

Ich ließ das Telefon fallen, rannte ins Bad und erbrach mich. Ich wollte den Teppich nicht ruinieren. So bin ich eben.

Ich rief deine Mutter zurück.

Sie sagte mir, du seiest zu Hause. Sie habe gerade mit dir telefoniert.

Ich sagte ihr, ich würde hinübergehen und auf dich aufpassen.

Er darf keine Nachrichten sehen.

Gut.

Wenn er irgendetwas fragt, sag einfach, alles wird gut.

Ich erwiderte: Alles wird gut.

Sie sagte: Die U-Bahnen sind ein Chaos. Ich gehe zu Fuß nach Hause. In einer Stunde müsste ich da sein.

Sie sagte: Ich liebe dich.

Sie war seit zwölf Jahren mit deinem Vater verheiratet. Ich kannte sie seit fünfzehn Jahren. Sie hatte mir zum ersten Mal gesagt, dass sie mich liebte.

Da wusste ich, dass sie es wusste.

Ich rannte über die Straße.

Der Portier sagte mir, du seiest vor zehn Minuten nach oben gegangen.

Er fragte, ob alles in Ordnung sei.

Ich nickte.

Was ist denn mit Ihrem Arm los?

Ich schaute auf meinen Arm. Die Bluse war durchgeblutet. War ich gestürzt, ohne es zu merken? Hatte ich mich gekratzt? Da wusste ich, dass ich es wusste.

Als ich klingelte, machte niemand auf, also öffnete ich die Tür mit dem Schlüssel.

Ich rief nach dir.

Oskar!

Du hast nicht geantwortet, aber ich wusste, dass du da warst. Ich konnte dich spüren.

Oskar!

Ich schaute in den Garderobenschrank. Ich schaute hinter das Sofa. Auf dem Kaffeetisch stand ein Scrabble-Spiel. Wörter liefen ineinander. Ich ging in dein Zimmer. Es war leer. Ich ging ins Schlafzimmer deiner Eltern. Ich wusste, dass du irgendwo warst.

Ich schaute in die Kleiderkammer deines Vaters. Sein Smoking hing über dem Stuhl. Ich fasste in die Taschen. Dein Vater hatte die Hände seines Vaters. Die Hände deines Großvaters. Wirst du später auch diese Hände haben? Die Taschen erinnerten mich daran.

Ich kehrte in dein Zimmer zurück und legt mich auf dein Bett.

Ich konnte die Sterne unter deiner Zimmerdecke nicht sehen, weil das Licht an war.

Ich dachte an die Wände des Hauses, in dem ich aufgewachsen war. An die Abdrücke meiner Finger.

Als die Wände einstürzten, stürzten mit ihnen auch die Abdrücke meiner Finger ein.

Ich hörte dich unter mir atmen.

Oskar?

Ich hockte mich auf den Fußboden. Ich fiel auf Hände und Knie.

Ist Platz für zwei darunter?

Nein.

Bestimmt nicht?

Ganz bestimmt nicht.

Darf ich es ausprobieren?

Meinetwegen.

Ich konnte mich nur mit Mühe unter das Bett zwängen.

Wir lagen auf dem Rücken. Es war so eng, dass man sich nicht einmal das Gesicht zuwenden konnte. Hier kam kein Licht an uns heran.

Wie war es in der Schule?

Ganz gut.

Warst du rechtzeitig dort?

Ich war früh dran.

Dann hast du draußen gewartet?

Ja.

Was hast du gemacht?

Ich habe gelesen.

Was?

Was was?

Was hast du gelesen?

Eine kurze Geschichte der Zeit.

Und? Ist es spannend?

Die Frage passt nicht wirklich zu dem Buch.

Und dein Heimweg?

War wie immer.

Herrliches Wetter.

Ja.

So ein herrliches Wetter hatten wir noch nie.

Stimmt.

Eigentlich viel zu schade, um im Haus zu sein.

Wahrscheinlich.

Tja, aber was soll man machen?

Ich wollte dir das Gesicht zuwenden, aber es ging nicht. Ich griff nach deiner Hand.

Hattet ihr früher Schule aus?

Eigentlich sofort.

Weißt du, was passiert ist?

Ja.

Hast du von Mom oder Dad gehört?

Mom.

Was hat sie gesagt?

Sie hat gesagt, alles sei gut, und sie sei bald zu Hause.

Dad ist auch bald wieder zu Hause. Sobald er den Laden zumachen kann.

Ja.

Du hattest die Hände gegen das Bett gedrückt, als wolltest du es hochstemmen. Ich wollte dir etwas sagen, aber ich wusste nicht was. Ich wusste nur, dass ich dir etwas Dringendes sagen musste.

Möchtest du mir deine Briefmarken zeigen?

Nein, vielen Dank.

Wir könnten auch Daumenhakeln spielen.

Später vielleicht.

Hast du Hunger?

Nein.

Willst du hier einfach warten, bis Mom und Dad nach Hause kommen?

Glaube schon.

Möchtest du, dass ich hier mit dir warte?

Meinetwegen.

Bist du sicher?

Ja, bestimmt.

Bitte, Oskar, darf ich?

Meinetwegen.

Manchmal hatte ich das Gefühl, als würde der Raum über uns zusammenbrechen. Irgendjemand war auf dem Bett. Maria, die sprang. Dein Vater, der schlief. Anna, die mich küsste. Ich hatte das Gefühl, begraben zu sein. Anna, die mir beide Hände auf die Wangen legte. Mein Vater, der mich in die Wangen kniff. Alles auf mir.

Als deine Mutter nach Hause kam, hätte sie dich mit ihrer Umarmung fast zerquetscht. Ich hätte dich am liebsten vor ihr beschützt.

Sie fragte, ob dein Vater angerufen habe.

Nein.

Sind irgendwelche Nachrichten auf dem Anrufbeantworter?

Nein.

Du hast sie gefragt, ob dein Vater eine Verabredung in dem Gebäude hatte.

Sie verneinte.

Du hast versucht, ihren Blick aufzufangen, und da wusste ich, dass du es wusstest.

Sie rief bei der Polizei an. Es war besetzt. Sie versuchte es noch einmal. Es war besetzt. Sie versuchte es immer wieder. Als sie endlich durchkam, wollte sie mit jemandem sprechen. Es gab niemanden, mit dem sie sprechen konnte.

Du bist ins Bad gegangen. Ich bat sie, sich zu beherrschen. Wenigstens vor dir.

Sie rief bei den Zeitungen an. Auch dort wusste man nichts.

Sie rief bei der Feuerwehr an.

Niemand wusste etwas.

Ich strickte den ganzen Nachmittag an deinem Schal. Er wurde immer länger. Deine Mutter schloss die Fenster, aber der Brandgeruch blieb.

Sie fragte mich, ob wir Suchzettel machen sollten.

Ich sagte, das sei eine gute Idee.

Da musste sie weinen, denn sie hatte gehofft, dass ich noch Hoffnung hätte.

Der Schal wurde immer länger.

Sie suchte ein Foto von eurem letzten Urlaub heraus. Er war erst zwei Wochen her. Das Foto zeigte dich und deinen Vater. Als sie es mir zeigte, meinte ich, sie solle kein Foto mit dir darauf nehmen. Sie brauche ja nicht das ganze Foto, sagte sie. Nur das Gesicht deines Vaters.

Ich erwiderte: Ich finde es trotzdem falsch.

Sie sagte: Im Moment haben wir wichtigere Sorgen.

Nimm doch einfach ein anderes Foto.

Lass gut sein, Mom.

Sie hatte mich noch nie Mom genannt.

Es gibt so viele andere Fotos.

Kümmere dich lieber um deine Angelegenheiten. Das ist meine Angelegenheit.

Wir waren nicht wütend aufeinander.

Ich weiß nicht, wie viel du begriffen hast, aber vermutlich hast du alles begriffen.

Nachmittags fuhr sie mit den Suchzetteln ins Zentrum. Die Zettel füllten einen ganzen Koffer. Ich musste an deinen Großvater denken. Ich fragte mich, wo er sich gerade befand. Wollte ich, dass er litt? Ich wusste es nicht genau.

Sie nahm einen Tacker mit. Und eine Schachtel Heftklammern. Und Klebeband. Daran muss ich jetzt denken. Mir wird schlecht dabei. Beim Gedanken an diese ganz handfesten Dinge. Da liebt man jemanden vierzig Jahre, und am Ende bleiben nur Heftklammern und Klebeband.

Wir waren allein. Du und ich.

Wir spielten im Wohnzimmer Spiele. Du hast Schmuck gebastelt. Der Schal wurde immer länger. Wir gingen im Park spazieren. Wir sprachen nicht über das, was über unseren

Köpfen schwebte. Was uns niederdrückte wie eine Zimmerdecke. Als du mit dem Kopf in meinem Schoß eingeschlafen warst, schaltete ich den Fernseher an.

Ich stellte ihn auf stumm.

Immer wieder die gleichen Bilder.

Flugzeuge, die in Gebäude einschlugen.

Stürzende Körper.

Menschen, die hoch oben in den Fenstern mit Hemden winkten.

Flugzeuge, die in Gebäude einschlugen.

Stürzende Körper.

Flugzeuge, die in Gebäude einschlugen.

Menschen, bedeckt von grauem Staub.

Stürzende Körper.

Einstürzende Gebäude.

Flugzeuge, die in Gebäude einschlugen.

Flugzeuge, die in Gebäude einschlugen.

Einstürzende Gebäude.

Menschen, die hoch oben in den Fenstern mit Hemden winkten.

Stürzende Körper.

Flugzeuge, die in Gebäude einschlugen.

Manchmal spürte ich, wie deine Augenlider zuckten. Warst du wach? Oder hast du geträumt?

Deine Mutter kam erst am späten Abend nach Hause. Der Koffer war leer. Sie umarmte dich, bis du sagtest: Du tust mir weh.

Sie rief jeden an, den dein Vater gekannt hatte, und jeden, der vielleicht etwas wusste. Sie sagte: Tut mir leid, dich zu wecken. Ich hätte ihr am liebsten ins Ohr geschrien: Es braucht dir nicht leid zu tun! Sie fasste sich immer wieder an die Augen, obwohl sie nicht weinte.

Man rechnete mit Tausenden von verletzten Menschen.

Bewusstlosen Menschen. Menschen, die ihr Gedächtnis verloren hatten. Man rechnete mit Tausenden von Toten. Man wollte sie auf einer Eislaufbahn aufbahren.

Weißt du noch, wie wir vor ein paar Wochen Eislaufen waren und wie ich mich abwandte, nachdem ich dir gesagt hatte, ich würde Kopfschmerzen davon bekommen, den Leuten beim Eislaufen zuzuschauen? Unter dem Eis sah ich aufgereiht die Toten liegen.

Deine Mutter sagte, ich könne ruhig nach Hause gehen.

Ich erwiderte, ich wolle nicht nach Hause.

Sie sagte: Mach dir etwas zu essen. Versuch zu schlafen.

Ich bekomme doch keinen Bissen herunter, und schlafen kann ich auch nicht.

Sie sagte: Ich muss schlafen.

Ich sagte ihr, dass ich sie liebte.

Da musste sie weinen, denn sie hatte gehofft, dass ich noch Hoffnung hätte.

Ich ging wieder zurück über die Straße.

Flugzeuge, die in Gebäude einschlugen.

Stürzende Körper.

Flugzeuge, die in Gebäude einschlugen.

Einstürzende Gebäude.

Flugzeuge, die in Gebäude einschlugen.

Flugzeuge, die in Gebäude einschlugen.

Flugzeuge, die in Gebäude einschlugen.

Sobald ich für dich nicht mehr stark zu sein brauchte, wurde ich ganz schwach. Ich sank zu Boden, denn dort gehörte ich hin. Ich schlug mit den Händen auf den Fußboden. Ich hätte mir am liebsten die Hände gebrochen, aber als es zu weh tat, hörte ich auf. Ich war zu egoistisch, um mir wegen meines einzigen Kindes die Hände zu brechen.

Stürzende Körper.

Heftklammern und Klebeband.

Ich fühlte mich nicht leer. Ich wünschte, ich hätte mich leer gefühlt.

Menschen, die hoch oben in den Fenstern mit Hemden winkten.

Ich hätte mich am liebsten so leer gefühlt wie eine auf den Kopf gestellte Karaffe. Aber ich war so schwer wie ein Stein. Flugzeuge, die in Gebäude einschlugen.

Ich musste ins Bad. Ich wollte nicht aufstehen. Ich wollte in meinem eigenen Dreck liegen, denn ich hatte es nicht anders verdient. Ich wollte in meinem eigenen Dreck liegen wie ein Schwein. Aber ich stand auf und ging ins Bad. So bin ich eben.

Stürzende Körper.

Einstürzende Gebäude.

Die Jahresringe des Baumes, der von unserem Haus weggekippt war.

Wie gern hätte ich unter den Trümmern gelegen. Nur eine Minute. Eine Sekunde. Ich wollte einfach an der Stelle deines Vaters sein. Aber zugleich war es viel schwieriger.

Der Fernseher war das einzige Licht.

Flugzeuge, die in Gebäude einschlugen.

Flugzeuge, die in Gebäude einschlugen.

Ich hatte mit ganz anderen Gefühlen gerechnet. Aber selbst da konnte ich nicht aus meiner Haut.

Oskar, ich weiß noch, wie du vor all den Fremden auf der Bühne gestanden hast. Ich hätte ihnen am liebsten gesagt: Er gehört zu mir. Ich wäre am liebsten aufgestanden und hätte gerufen: Dieser schöne Mensch gehört zu mir! Mir!

Als ich dir zugeschaut habe, war ich unglaublich stolz und zugleich unglaublich traurig.

Ach. Seine Lippen. Deine Lieder.

Als ich dir zuschaute, hatte mein Leben einen Sinn. Selbst alles Schlimme darin hatte einen Sinn. Ohne das Schlimme gäbe es dich nicht.

Ach. Deine Lieder.

Das Leben meiner Eltern hatte einen Sinn.

Das meiner Großeltern.

Selbst Annas Leben.

Ich kannte die Wahrheit, und darum war ich so traurig. Jeder vergangene Moment hängt vom gegenwärtigen Moment ab.

Alles in der Weltgeschichte kann sich von einem Moment auf den anderen als falsch erweisen.

Deine Mutter wollte eine Beerdigung, obwohl es keinen Leichnam gab.

Was konnte man dagegen einwenden?

Wir fuhren alle zusammen in der Limousine. Ich konnte nicht aufhören, dich zu berühren. Ich bekam nicht genug davon. Ich hätte mehr als zwei Hände gebraucht. Du hast mit dem Fahrer gescherzt, aber ich habe gemerkt, wie sehr du insgeheim gelitten hast. Du hast ihn zum Lachen gebracht, weil du so gelitten hast. Als wir am Grab standen und als man den leeren Sarg hineinsenkte, hast du einen Laut ausgestoßen wie ein Tier. Einen solchen Laut hatte ich noch nie gehört. Du klangst wie ein waidwundes Tier. Ich habe den Laut noch im Ohr. Nach diesem Laut hatte ich vierzig Jahre gesucht, mein Leben und meine Lebensgeschichte hätten sein sollen wie er. Deine Mutter zog dich beiseite und nahm dich in den Arm. Man schaufelte Erde ins Grab deines Vaters. Auf den leeren Sarg meines Sohnes. Er enthielt nichts. Alle meine Laute waren in mir verschlossen.

Die Limousine brachte uns nach Hause.

Alle schwiegen.

Als wir vor meinem Haus hielten, hast du mich bis zur Tür gebracht.

Der Portier sagte, ich hätte einen Brief bekommen.

Ich erwiderte, ich würde ihn mir morgen oder übermorgen anschauen.

Der Portier sagte, er sei gerade von einem Mann abgegeben worden.

Ich sagte: Morgen.

Der Portier sagte: Der Mann sah verzweifelt aus.

Ich bat dich, mir den Brief vorzulesen. Ich sagte: Ich habe schlechte Augen.

Du hast ihn geöffnet.

Es tut mir leid, hast du gesagt.

Was tut dir leid?

Nein – das steht hier.

Ich nahm dir den Brief aus der Hand und las ihn selbst.

Als mich dein Großvater vor vierzig Jahren verlassen hat, löschte ich alles aus, was er geschrieben hatte. Ich wischte die Wörter von den Spiegeln und Fußböden. Ich strich die Wände. Ich wusch die Duschvorhänge. Ich versiegelte sogar die Fußböden neu. Um alle seine Wörter loszuwerden, brauchte ich genauso lange, wie ich ihn gekannt hatte. Es war, als drehte ich ein Stundenglas um.

Ich dachte: Soll er suchen, was er sucht, und begreifen, dass es nicht mehr existiert oder nie existiert hat. Ich dachte: Er schreibt mir bestimmt. Oder er schickt Geld. Oder bittet um ein Foto vom Baby, wenn schon nicht um eines von mir.

Vierzig Jahre lang kein Wort.

Nur leere Briefumschläge.

Und dann, am Tag der Beerdigung meines Sohnes, vier Wörter.

Es tut mir leid.

Er war zurückgekehrt.

Nachwort

New York City – eine Stadt der Superlative, der Extreme. Diese Floskel trifft auch auf den literarischen Schatz zu, den die Stadt hervorgebracht hat: Auf dem deutschsprachigen Markt gibt es mehrere Tausend Romane, die in New York spielen. Die meisten davon stammen von Autoren, die auch ihren Wohnsitz dort haben oder hatten. New York – und das gilt für die Literatur wie für alle anderen Kunstformen – ist dabei oftmals nicht nur Szenerie, nicht nur der geografische Hintergrund eines Geschehens, sondern nimmt als charakterstarker Nebendarsteller gleichermaßen Einfluss darauf. So arbeiten sich auch die in diesem Band versammelten Autoren an der Stadt geradezu ab: Sie suchen ihre Eindrücke, Erlebnisse, Erfahrungen und Empfindungen in Worte zu fassen, und obwohl sie allesamt über die gleiche Stadt schreiben, ist diese jedes Mal wieder eine andere – sei es durch das beschriebene Viertel, durch ihre Herkunft oder durch die Zeit der Handlung.

Mit einem zunächst nüchternen Blick und eher vorsichtig nähert sich *Wolfgang Koeppen* der Stadt. Und doch kann er sich der Faszination der gigantischen Wolkenkratzer, der mannigfaltigen Gerüche, der bunten Leuchtschriften und der wallenden Menschenmassen nicht entziehen. Wie jeder Reisende saugt er die Umgebung auf, vergleicht sie mit den vielen Bildern, die er von der Stadt bereits in seinem Kopf hat. Eine ungeahnte, überwältigende Fülle an Impressionen dringt auf ihn ein.

Stefan Zweig beschreibt die Stadt als organisches Wesen, in dessen Innern sich der Mensch befindet und dessen Bewegungen und Launen er schutzlos ausgesetzt ist. Die Straßen gleichen Adern, durch die ununterbrochen die Massen strömen, die Brücken werden zu Nervensträngen, die vibrieren von den Spannungen Manhattans und des Festlands. Der Rhythmus der Stadt zwingt sich dem Reisenden auf, er wird ein Teil des Körpers.

Was ist es, das diese Stadt so auf den Menschen wirken lässt? Bedeutend scheint in dieser Hinsicht auch der Inselcharakter des Stadtzentrums Manhattan und anderer Stadtbezirke. *Annemarie Schwarzenbach* wagt den Versuch, über diesen Tellerrand herauszuschauen, begibt sich auf eine Autofahrt in Richtung Westen und stößt dabei auf große, betonstarrende Vororte und später auf eine unwirtliche, sumpfige Weite. Dieses Wissen, das Zentrum nur mit viel Aufwand verlassen zu können und dass jenseits der »Hot Spots« die Attraktionen rar sind, verstärkt das Gefühl eines Ausgeliefertseins, verstärkt aber auch das Vertrauen, sich auf das Gegebene einzulassen.

Dieses Gefühl kennen vor allem auch die Einwohner New Yorks. Die Stadt wird als kultureller Dreh- und Angelpunkt der westlichen Welt empfunden. Die einzigartige ethnische und kulturelle Vielfalt garantiert stets neue Impulse, stellt Altes infrage, reibt sich am Neuen auf. Seit Gründung ist New York Hauptort der Einwanderung in die Vereinigten Staaten. Viele der zwischen 1892 und 1952 auf Ellis Island registrierten siebzehn Millionen Immigranten blieben im Stadtgebiet, wie zum Beispiel *Joseph Roths* Protagonist Mendel Singer oder auch der Vater von *Jerome Charyn*. Während Roth die Lupe auf den Einzelnen hält, skizziert Charyn anhand der Geschichte von Ellis Island und des Times Squares die wechselvolle Entwicklung der Stadt.

Ein roter Faden durch *Paul Austers* Romane ist die Frage, inwiefern die räumliche Umgebung die Menschen prägt. In New York Citys gigantischen Straßenlabyrinthen drohen sie ihre Identität zu verlieren. In dem Abdruck aus *Mond über Manhattan* verhilft der nach außen abgegrenzte Central Park dem jungen Mann Marco zu Stabilität und Sicherheit – eine

Erfahrung, die jeder Besucher machen kann, der dem Trubel der Straßen entfliehen möchte.

Thomas Wolfe lässt den erfolgreichen Bankier Mr Jack aus einem Wolkenkratzer auf New York herabblicken: Die Stadt, die Welt betrachtet er im Hochgefühl als eine kontrollierbare Schöpfung des Menschen, als mit »Macht, Reichtum und Liebe« formbares Eigentum. Doch diese Denkweise steht damals wie heute auf wackligem Fundament: Die Züge, die unterirdisch die Gebäude erzittern lassen, kündigen den Börsencrash von 1929 an, der den Traum von Reichtum und Wohlstand für alle zum ersten Mal spektakulär zerplatzen ließ.

Einen Tag nach dem Schwarzen Freitag des Jahres 1929 kommt *Joseph Mitchell* nach New York und startet seine imponierende journalistische Karriere. Die Untergangsstimmung, die dem Börsencrash folgte, wurde schnell abgelöst von einem allgemeinen Gefühl des Aufbruchs, der sich am deutlichsten im Bau weiterer Wolkenkratzer offenbarte. So entstanden in den Folgejahren zum Beispiel das Empire State Building oder das Chrysler Building. Sichtlich beeindruckt von den Menschen, die sich scheinbar furchtlos in den Stahlträgerskeletten bewegen, recherchiert der junge Reporter und stößt auf die faszinierende Geschichte der Mohawks, der sogenannten Hochhaus-Indianer. Blickt man heute auf die Skyline, so ist dieses Szenario eines Wolkenkratzerbaus ohne die heutige maschinelle Unterstützung nur mehr schwer vorstellbar.

Auch bei der Benutzung des mittlerweile 337 Streckenkilometer zählenden Netzes der Subway denkt man kaum an den gewaltigen Aufwand und die zahlreichen Gefahren, die der Bau der Tunnel am Anfang des zwanzigsten Jahrhunderts mit sich brachte. Daran erinnert *Colum McCann,* der eine Tunnelbauszene aus dem Jahr 1916 dem dortigen Leben von Obdachlosen in der heutigen Zeit gegenüberstellt.

Über ein sich ständig veränderndes New York schreibt

auch *Carl Van Vechten:* »New York ist flüssig, ist in Bewegung. Verlassen Sie die Stadt für eine Woche, und sie werden bei Ihrer Rückkehr Veränderungen feststellen.«

New York nimmt ein, New York färbt ab. Die Geschichte dieses Ortes ist bewegt, der Blick ändert sich ständig. *Simone de Beauvoir,* die neben Paris nur New York gelten ließ, geht mit offenen Augen durch die Straßen, lässt sich begeistern, wird von der ihr eigenen Neugierde getrieben. Einzig von den amerikanischen Frauen ist die Feministin enttäuscht: »Keine hatte den freien, sportlichen Gang, den ich bei Amerikanerinnen erwartete.«

Harlem löst bei Simone de Beauvoir ambivalente Gefühle aus, lastet das Viertel im Jahr 1941 doch noch »auf dem Gewissen der Weißen wie die Erbsünde auf dem Gewissen der Christen«. Auch *Chester Himes* beschreibt in seinen Kriminalromanen Harlem als einen bedrohlichen, gewalttätigen und skrupellosen Ort. Heute ist dort die Kriminalität um siebzig Prozent gesunken, Harlem entwickelt sich mehr und mehr zum Szeneviertel und ist zu einem der meistbesuchten Stadtteile New Yorks aufgestiegen.

Hin- und hergerissen zwischen Klischee und Realität scheint auch *Djuna Barnes* zu sein, die sich durch Manhattans Chinatown bewegt, das zu ihren Zeiten nicht nur vom Ruf der Exotik, sondern auch von dem der blutigen Fehden rivalisierender Gruppen geprägt gewesen ist. Wahrscheinlich wäre die skeptische Schriftstellerin vom heutigen Chinatown, mit rund 666 000 Einwohnern mittlerweile die größte chinesische Siedlung außerhalb Asiens, mehr beeindruckt.

Der größte der fünf Stadtbezirke ist mit über zweieinhalb Millionen Einwohnern Brooklyn, ein Viertel, das sich ähnlich wie Harlem in den letzten Jahrzehnten stark verändert hat. Als *Truman Capote* seinen Text verfasste, befand sich Brooklyn in keinem guten Zustand: Nach dem Zweiten Weltkrieg wurde es von vielen der Fabriken und Produktionsstätten verlassen und verslumte. Seit den Neunzigerjahren jedoch wird der Stadtteil mehr und mehr aufgewertet und gilt heute als Schmelztiegel verschiedener Kulturen (Ukrainer und Russen in Brighton Beach, Westinder in Crown Heights und Flatbush, orthodoxe und chassidische Juden in Williamsburg etc.), Wohnort zahlreicher junger wie etablierter Künstler, Standort besonderer Geschäfte und liebevoll eingerichteter Cafés.

New York ist ein Mosaik aus verschiedenen Welten, jedes Viertel ist gleichzeitig ein Mikrokosmos und ein Universum. Wer »sein« Viertel gefunden hat und die entsprechende Miete zahlen kann, darf sich glücklich schätzen: Er ist angekommen. Zu den wenigen Phänomenen, die bezirksübergreifend Anerkennung finden, gehören die Feiertage – *Helene Hanff* kennt die wichtigsten Paraden und Feste der Stadt.

Es wird wohl kaum einen Reisenden geben, der bei einem Besuch New Yorks nicht mit dem Attentat vom 11. September 2001 konfrontiert wird. Die Bilder des einstürzenden World Trade Centers haben sich ins Gedächtnis gebrannt. Es war ein Angriff mitten ins Herz Amerikas, ins Herz New Yorks, ins Herz jedes einzelnen Bürgers. Literarisch verarbeitete ihn unter anderen *Jonathan Safran Foer*. Wenn man heute den Blick über die Skyline New Yorks schweifen lässt und das Fehlen der beiden Türme stets ein kaum wahrnehmbares und doch schmerzvolles Gefühl der Irritation auslöst, so wird ein weiteres Mal deutlich, auf wie vielen Ebenen und mit welcher Intensität diese Stadt wirkt.

Die Bilder, die Geräusche, die Gerüche, die Bewegungen, die Geschichten New Yorks strömen auf den Menschen ein, beschäftigen ihn, treiben ihn an, stoßen ihn ab, lassen ihn sich verlieren und wiederfinden. Gerade weil es eine Stadt der Superlative und Extreme ist, dringt in New York der erlebte

Raum ins Innere des Menschen ein. Die Stadt ist gleichermaßen Inspirationsquelle, Material und Resonanzkörper für Schriftsteller, Einwohner und Besucher gleichermaßen.

Patrick Sielemann

Worterklärungen

Astors Familie deutscher Herkunft, die im 19. Jahrhundert zeitweise als reichste Familie der USA galt

Battery Park Parkanlage auf der Südspitze Manhattans

Big Apple (Großer Apfel) Spitzname von New York, 1909 erstmals verwendet von Edward S. Martin in *The Wayfarer in New York*

Billy the Kid eigentlich William H. Bonney (1859–1881), eine der bekanntesten und legendärsten Figuren der Westerngeschichte

Bowery im Süden von Manhattan gelegene Straße und deren Umgebung

Brice, Fanny eigentlich Fania Borach (1891–1951), US-amerikanische Komikerin, Entertainerin, Sängerin, Theater- und Filmschauspielerin

Brownstone als Baumaterial verwendeter Sandstein; bezeichnet auch die aus ihm gebauten Reihenhäuser

Buffalo-Nickel 5-Cent-Münze aus Kupfer, zwischen 1913 und 1938 in Gebrauch

Carnegie Hall Konzerthaus in Manhattan

Chop Suey Gericht aus Gemüse, Pilzen und Fleisch, das vermutlich in den 1860er-Jahren von in den USA lebenden Chinesen erfunden wurde

Coney Island südlichster Zipfel von Brooklyn, der vor allem wegen seiner großen Vergnügungsparks und der angrenzenden Hochhaussiedlung russischer Einwanderer bekannt ist

Crane, Stephen (1871–1900) US-amerikanischer Schriftsteller

Dime US-amerikanische Münze im Wert von zehn Cent

Dreiser, Theodore (1871–1945) US-amerikanischer Schriftsteller

Ellis Island Insel im Hafengebiet New Yorks, früher die zentrale Sammelstelle für Immigranten in die USA

Hayes, Helen (1900–1993) US-amerikanische Schauspielerin

IRT (Interborough Rapid Transit Company) am Bau der New Yorker U-Bahn beteiligte Gesellschaft

Jefferson, Thomas (1743–1826) dritter Präsident der Vereinigten Staaten (1801–1809)

Jolson, Al (1886–1950) US-amerikanischer Sänger und Entertainer

Monte aus Mexiko stammendes Karten-Glücksspiel

Monticello Landgut Thomas Jeffersons bei Charlottesville im US-Bundesstaat Virginia

O' Neill, Eugene (1888–1953) US-amerikanischer Dramatiker und Literaturnobelpreisträger irischer Abstammung

Rockefeller Familie deutscher Herkunft, die als eine der einflussreichsten Familien der USA bezeichnet wird

Rothstein, Arnold (»The Brain«) US-amerikanischer Geschäftsmann, notorischer Spieler und Mobster

Tomtom zylindrische, selten auch bauchige, mit Fell bestückte Trommel

Tong-Krieg mafiöse Auseinandersetzungen in der New Yorker Chinatown am Anfang des 20. Jahrhunderts

Vanderbilt amerikanische Unternehmerfamilie mit holländischen Wurzeln, bekannt für ihre stattlichen Gebäude an der Fifth Avenue in New York

Walker, Jimmy eigentlich James John Walker (1881–1946), US-amerikanischer Politiker und Bürgermeister der Stadt New York City (1926–1932)

Webster Merriam-Webster's Collegiate Dictionary

Woolworth von Franklin Winfield Woolworth (1852–1919) gegründete Kaufhaus- und Supermarktkette

Autorinnen und Autoren

Mit * gekennzeichnete Texte wurden für diese Anthologie vom Verlag neu betitelt.

Paul Auster
geboren 1947 in Newark, New Jersey, ist ein US-amerikanischer Schriftsteller und Drehbuchautor. Seine nunmehr vierzehn Romane sind geprägt von dem Spiel mit literarischen Genres und durchzogen von dem Motiv des Absurden. Viele von ihnen spielen in New York, wo er auch seit über dreißig Jahren mit seiner Frau, der Schriftstellerin Siri Hustvedt, lebt. Den literarischen Durchbruch schaffte er mit seiner *New York Trilogy* (1985–1986).
»Wohnen im Central Park«*, aus: Paul Auster, *Mond über Manhattan.* © Rowohlt Verlag GmbH, Reinbek bei Hamburg 1990. Aus dem Amerikanischen von Werner Schmitz.

Djuna Barnes
geboren 1892 in Cornwall on Hudson, New York, gestorben 1982 in New York City, war eine US-amerikanische Schriftstellerin und eine Schlüsselfigur in der Pariser Literaturszene der Zwanziger- und Dreißigerjahre. Von 1911 bis 1921 sowie ab 1940 lebte und wirkte sie in New York. Sie gilt als eine der wichtigsten Vertreterinnen der literarischen Moderne.
»Es gibt kein Chinatown«, aus: Djuna Barnes, *New York. Geschichten und Reportagen aus einer Metropole.* © Verlag Klaus Wagenbach, Berlin 1987. Aus dem Amerikanischen von Karin Kersten.

Simone de Beauvoir
geboren 1908 in Paris, gestorben 1986 ebenda, war eine französische Philosophin und Schriftstellerin. Durch ihre zahlreichen politischen und philosophischen Essays und Romane fungierte sie als Sprachrohr der feministischen Bewegung und gilt als eine der bedeutendsten Vertreterinnen des Existenzialismus. Die Beobachtungen und Aufzeichnungen ihrer ersten Reise in die USA im Jahr 1947 bildeten die Grundlage für ihren Welterfolg *Das andere Geschlecht* (1949).
»New York, mon amour«*, aus: Simone de Beauvoir, *Amerika Tag und Nacht. Reisetagebuch 1947.* © Rowohlt Taschenbuch Verlag GmbH, Rein-

bek bei Hamburg 1949, 1988. Aus dem Französischen von Heinrich Wallfisch.

Truman Capote

geboren 1924 in New Orleans, gestorben 1984 in Los Angeles, war ein US-amerikanischer Schriftsteller, Schauspieler und Drehbuchautor. Er veröffentlichte zahlreiche Werke, von denen der Roman *Breakfast at Tiffany's* (1958) und der Tatsachenroman *In Cold Blood* (1966) zu den bekanntesten gehören. Sein ausschweifendes und exzentrisches Leben verbrachte er zu einem Großteil in New York.

»Nostalgisch in Brooklyn«* (»Brooklyn«), aus: Truman Capote, *Die Hunde bellen. Reportagen und Porträts.* © Kein & Aber AG, Zürich – Berlin 2007. Aus dem Amerikanischen von Marcus Ingendaay.

Jerome Charyn

geboren 1937 in New York, ist ein US-amerikanischer Schriftsteller. Seine fast fünfzig veröffentlichten Werke bestätigen seinen Ruf als produktiven und wichtigen Chronisten des amerikanischen Lebens. Ins Deutsche übertragen sind vorwiegend seine Kriminalromane, die um den Polizisten Isaac Sidel kreisen. Charyn gilt als besessener New Yorker, und viele seiner Texte spielen in der Bronx.

»Ein Streifzug zu Times Square und Ellis Island«*, aus: Jerome Charyn, *Metropolis: New York,* Claassen, Düsseldorf 1988. © Jerome Charyn, 1986. © für die deutsche Übersetzung Eike Schönfeld, 1988. Aus dem Amerikanischen von Eike Schönfeld.

Jonathan Safran Foer

geboren 1977 in Washington D.C., ist ein US-amerikanischer Schriftsteller. Seine Bücher *Everything is Illuminated* (2002), *Extremely Loud and Incredibly Close* (2005) und *Eating Animals* (2009) waren allesamt internationale Bestseller und begründeten seine Stellung als einer der bedeutendsten Gegenwartsautoren Amerikas. Er lebt mit seiner Frau, der Schriftstellerin Nicole Krauss, in Brooklyn.

»Ein Tag im September«*, aus: Jonathan Safran Foer, *Extrem laut & unglaublich nah.* © Verlag Kiepenheuer & Witsch GmbH & Co. KG, Köln 2005. Aus dem Amerikanischen von Henning Ahrens.

Helene Hanff
geboren 1916 in Philadelphia, gestorben 1997 in New York, war eine US-amerikanische Schriftstellerin. Berühmt wurde sie mit dem Werk *84, Charing Cross Road* (1970), das in England und Amerika zu einem Kultbuch wurde. Ab 1978 und bis zu ihrem Tod verfasste sie für die *BBC* Beiträge über das Leben in New York, die in dem Sammelband *Letter From New York* (1992) erschienen sind.
»Feste feiern, wie sie fallen«*, aus: Helene Hanff, *Briefe aus New York*, btb Verlag in der Verlagsgruppe Random House GmbH, München 2006 © Hoffmann und Campe Verlag, Hamburg 2004. Aus dem Amerikanischen von Susanne Höbel.

Chester Himes
geboren 1909 in Jefferson City, Missouri, gestorben 1984 in Moraira, Spanien, war ein US-amerikanischer Schriftsteller, dessen Werk mehrere Romane und Kurzgeschichten umfasst. Während einer achtjährigen Gefängnisstrafe fing er an zu schreiben, was er auch danach fortsetzte. Die meisten seiner Werke stellen in Harlem spielende Kriminalromane sowie politische Polemiken über Rassismus in den USA dar.
»Harlem – heißes Pflaster«*, aus: Chester Himes, *Harlem-Romane.* © Unionsverlag, Zürich 2009. Aus dem Amerikanischen von Manfred Görgens und Alex Bischoff.

Wolfgang Koeppen
geboren 1906 in Greifswald, gestorben 1996 in München, war ein deutscher Schriftsteller, der ein umfassendes Werk hinterließ. Bekanntheit erlangte er vor allem durch seine *Trilogie des Scheiterns* (1951–1954). Über seine zahlreichen Reisen, u. a. nach Amerika, schrieb er beeindruckende Reportagen. Koeppen gilt als einer der bedeutendsten Autoren der deutschen Nachkriegsliteratur.
»Auf der Spitze des kostbarsten Felsens«* (»New York«), aus: Wolfgang Koeppen, Werke in 16 Bänden – Band 9: *Amerikafahrt und andere Reisen in die Neue Welt.* © Suhrkamp Verlag, Frankfurt am Main 2008. Alle Rechte bei und vorbehalten durch Suhrkamp Verlag, Berlin.

Colum McCann
geboren 1965 in Dublin, ist ein irischer Schriftsteller, Journalist und Drehbuchautor. Zum internationalen Bestsellerautor wurde er mit den

Romanen *Dancer* (2003) und *Zoli* (2006). Viel Lob erntete er jedoch auch für seine New York-Romane *This Side of Brightness* (1998) und *Let the Great World Spin* (2009). Seit 1996 lebt er in New York.
»In den Eingeweiden der Stadt«*, aus: Colum McCann, *Der Himmel unter der Stadt.* © Rowohlt Verlag GmbH, Reinbek bei Hamburg 1998. Aus dem Englischen von Matthias Müller.

Joseph Mitchell
geboren 1908 in Fairmont, North Carolina, gestorben 1996 in New York, war ein US-amerikanischer Journalist und Schriftsteller. Einen Tag nach dem Börsencrash von 1929 kam er nach New York, um ein politischer Reporter zu werden. Bekanntheit erlangte er später durch seine akkuraten Porträts von Menschen, die sich im gesellschaftlichen Abseits befanden. Ab 1938 und bis zu seinem Tod schrieb er regelmäßig für den *New Yorker.*
»Mohawks in schwindelnder Höhe«* (»Mohawks im Stahlbau«), aus: Joseph Mitchell, *McSorley's Wonderful Saloon. New Yorker Geschichten.* © Diaphanes, Zürich 2011. Aus dem Amerikanischen von Sven Koch und Andrea Stumpf.

Joseph Roth
geboren 1894 in Schwabendorf, Österreich-Ungarn, gestorben 1939 in Paris, war ein österreichischer Schriftsteller. Nach dem Ersten Weltkrieg, den er als Soldat erlebte, arbeitete er zunächst als Journalist in Wien und Berlin, 1933 emigrierte er nach Paris. Roth verfasste zahlreiche Erzählungen, Novellen und Romane, wie zum Beispiel *Radetzkymarsch, Die Kapuzinergruft* oder *Hotel Savoy.* Zentrale Motive in seinen Werken stellen der Verlust des Vaters und des Vaterlandes dar sowie ein Gefühl des Verlorenseins und der Entwurzelung.
»Mendel Singer in Amerika«*, aus: Joseph Roth, *Hiob.* Zürich 2010.

Annemarie Schwarzenbach
geboren 1908 in Zürich, gestorben 1942 in Sils im Engadin, war eine Schweizer Schriftstellerin, Fotografin und Journalistin. Zwischen 1933 und 1942 unternahm sie als Migrantin zahlreiche Reisen in der ganzen Welt, teilweise mit Klaus Mann. Auch in New York hielt sie sich mehrmals auf, wo sie u. a. auf die sie anhimmelnde Carson McCullers traf.
»Jenseits von New York«, aus: Annemarie Schwarzenbach, *Jenseits von*

New York. Ausgewählte Reportagen, Feuilletons und Fotografien aus den USA 1936–1938. Hg. von Roger Perret. © Lenos Verlag, Basel 1992.

Carl Van Vechten
geboren 1880 in Cedar Rapids, Iowa, gestorben 1964 in New York, war ein US-amerikanischer Schriftsteller, Fotograf und Kritiker. Er war exzentrisches Mitglied der New Yorker Café Society sowie Unterstützer der Harlem Renaissance, einer künstlerischen Bewegung afroamerikanischer Schriftsteller in den Zwanzigerjahren. Ab 1913 hatte er einen engen Kontakt zu Gertrude Stein, deren Nachlass er später verwaltete.
»Auf der Suche nach dem letzten Schrei«*, aus: Carl Van Vechten, *Parties. Ein Roman*. © Walde + Graf Verlag AG, Zürich 2010. Aus dem Amerikanischen von Egbert Hörmann.

Thomas Wolfe
geboren 1900 in Asheville, North Carolina, gestorben 1938 in Baltimore, Maryland, war ein US-amerikanischer Schriftsteller. Trotz seines frühen Todes verfasste er vier Romane – darunter *Look Homeward, Angel* (1929) – sowie zahlreiche Kurzgeschichten, Novellen, Dramen und Autobiografisches. In Amerika zählt er zu den Klassikern und übte u. a. großen Einfluss auf das Schreiben von Jack Kerouac, Ray Bradbury oder Philip Roth aus.
»In der Pyramide aus Stahl und Glas«*, aus: Thomas Wolfe, *Die Party bei den Jacks*. © Manesse Verlag, Zürich 2011. Aus dem Amerikanischen von Susanne Höbel.

Stefan Zweig
geboren 1881 in Wien, gestorben 1942 in Petrópolis, Brasilien, war ein österreichischer Schriftsteller. Sein episches Werk machte ihn ebenso berühmt wie seine historischen Miniaturen und die biografischen Arbeiten. In der *Schachnovelle* (1942), Zweigs wohl bekanntestem Buch, beschreibt er den Kampf mit der Brutalität einer entfremdeten Welt. Die Zerstörung seiner »geistigen Heimat Europa« durch den Nationalsozialismus trieb ihn und seine Frau in den Selbstmord.
»Nichts als Bewegung und Rhythmus«* (»Der Rhythmus von New York«), aus: Stefan Zweig, *Begegnungen mit Menschen, Büchern, Städten*. © S. Fischer Verlag GmbH, Frankfurt am Main 1955.

Der Herausgeber

Patrick Sielemann studierte Literaturwissenschaften in Mainz und ist seitdem im Verlagswesen tätig.

Bildnachweis

Chantal Thomas Leb wohl, meine Königin! (UT 594)
Margaret Landon Der König und ich (UT 593)
Johnston McCulley Im Zeichen des Zorro (UT 592)
Nagib Machfus Miramar (UT 591)
Ma Thanegi Pilgerreise in Myanmar (UT 590)
Nigel Barley Die Raupenplage (UT 589)
Mo Yan Der Überdruss (UT 588)
Maryse Condé Segu (UT 587)
Garry Disher Rostmond (UT 586)
Masako Togawa Trübe Wasser in Tokio (UT 585)
Driss Chraïbi Inspektor Ali im Trinity College (UT 584)
Nathacha Appanah Der letzte Bruder (UT 583)
Halid Ziya Uşakligil Verbotene Lieben (UT 582)
Rob Alef Das magische Jahr (UT 581)
Mitra Devi Filmriss (UT 580)
Leonardo Padura Der Mann, der Hunde liebte (UT 579)
Jörg Juretzka Fallera (UT 578)
Patricia Grace Potiki (UT 577)
Jean-Claude Izzo Die Marseille-Trilogie (UT 572)
Rafael Sabatini Der Seefalke (UT 571)
Cecil Scott Forester African Queen (UT 570)
Louis Bromfield Der große Regen (UT 569)
Claudia Piñeiro Die Donnerstagswitwen (UT 568)
Nikos Kavvadias Die Schiffswache (UT 567)
Baby Halder Vom Dunkel ins Licht (UT 566)
Luigi Bartolini Fahrraddiebe (UT 565)
Nii Parkes Die Spur des Bienenfressers (UT 564)
Mo Yan Die Schnapsstadt (UT 563)
Nagib Machfus Der Dieb und die Hunde (UT 562)
Fergus Fleming Nach oben – Die ersten Eroberungen der Alpengipfel (UT 561)
Garry Disher Drachenmann (UT 560)
Juri Rytchëu Alphabet meines Lebens (UT 559)
Petra Ivanov Tiefe Narben (UT 558)
Bill Moody Auf der Suche nach Chet Baker (UT 557)
Jean-Claude Izzo Die Sonne der Sterbenden (UT 556)
Jörg Juretzka Sense (UT 555)
Christopher G. Moore Stunde null in Phnom Penh (UT 546)
Salim Alafenisch Die Nacht der Wünsche (UT 545)
Jørn Riel Nicht alle Eisbären halten Winterschlaf (UT 544)
Mano Dayak Geboren mit Sand in den Augen (UT 543)
Jörg Juretzka Rotzig & Rotzig (UT 542)
Domingo Villar Strand der Ertrunkenen (UT 541)
Pablo De Santis Das Rätsel von Paris (UT 540)
Daphne du Maurier Der Apfelbaum (UT 539)
Nagib Machfus Der Rausch (UT 538)
Pearl S. Buck Das Mädchen Orchidee (UT 537)
Richard Mason Suzie Wong (UT 536)
Kathleen Winsor Amber (UT 535)
Fergus Fleming Barrow's Boys (UT 534)
Shahriar Mandanipur Eine iranische Liebesgeschichte zensieren (UT 533)